别败在不会说话

上

文天行 ◎ 编著

中国华侨出版社

·北京·

图书在版编目（CIP）数据

别败在不会说话上 / 文天行编著. –北京：中国华侨出版社，2011. 4（2025. 3重印）

ISBN 978-7-5113-1250-1

Ⅰ.①别…　Ⅱ.①文…　Ⅲ.①语言艺术-通俗读物　Ⅳ.①H019-49

中国版本图书馆 CIP 数据核字（2011）第 025394 号

别败在不会说话上

编　　著：文天行
责任编辑：唐崇杰
责任校对：志　刚
经　　销：新华书店
开　　本：710 毫米×1000 毫米　1/16 开　印张：17　字数：219 千字
印　　刷：环球东方（北京）印务有限公司
版　　次：2011 年 4 月第 1 版
印　　次：2025 年 3 月第 2 次印刷
书　　号：ISBN 978-7-5113-1250-1
定　　价：45.00 元

中国华侨出版社　北京市朝阳区西坝河东里 77 号楼底商 5 号　邮编：100028
编辑部：(010) 64443056　　　传　真：(010) 64439708

如发现印装质量问题，影响阅读，请与印刷厂联系调换。

前言
PREFACE

一句话能让人笑，一句话也能让人跳

人人都会说话，多数人都这么认为。但实际上，说话并不是简单地张张嘴，动动舌头。生活中，我们也常常因为讲话不得法而惹人生气，让人误解，造成尴尬，产生纠纷，失去面子，甚至丢掉项目、错失机遇等。

俗话说："一句话说得让人笑，一句话说得让人跳。"同样的话，不同的人说出来，感觉截然不同。

一天晚上，国王梦到自己满口的牙齿都掉光了，醒来后觉得心情很不好，担心是什么预兆，于是命人请来解梦人解梦。

国王问他们："为什么我会梦见自己满口的牙全掉光了呢？这代表着什么？"

第一个解梦人听后解释道："国王陛下，这个梦的意思是，在你所有的亲属一个都不剩地死去以后，你才能死。"

国王一听，勃然大怒，觉得十分晦气，命人将他杖责二百之后赶出王宫。接着又问第二个人："你呢？你的解释也和他一样吗？"

第二个解梦人说："不，国王陛下，这个梦的意思是，您将是您所有亲属中最长寿的一位！"国王听后，立即露出了笑容，直夸这位解梦人有学问,并命人赏了一百枚金币给他。

明明两个人说的是同一个意思,为什么一个会挨打,另一个却受到嘉奖呢?这就是会说话和不会说话的区别。生活中,许多人并不是败在能力上,而是败在了说话上。

如果你面对陌生人就发怵,表达羞涩、生硬,那你怎么讨得别人的喜欢呢?

如果你劝慰别人,明明是出于好意,说出来却碰了对方的雷区,别人怎么会感激你呢?

如果你有一个绝佳的主意,却无法准确地表达出来,那你的主意又有什么价值呢?

如果在交际应酬场合,你却连一句客套话都不会说,又怎么让别人对你产生好感呢?

如果你无法准确简洁地下达指令,下属又怎么能高质高效地完成工作呢?

如果你不懂及时汇报工作的技巧,又怎么会得到上司的信任与倚重呢?

如果你有求于人,却不懂委婉的艺术,又怎么能说服别人心甘情愿地帮你呢?

如果你与客户聊天,连几句投其所好的话都不会说,又怎么能给客户留下好印象呢?

……

在人的一生中,从求职到升迁,从应酬到闲聊,从攻心到说服,无不需要说话的能力。话说得好,小则可以讨喜,大则可以保身;而话说得不好,小则树敌,大则事业失败。语言是一个人一生中不可缺少的一种传达思想的工具,有副好口才,不仅可以使你更好地与人相处,还可以为你的工作和生活带来许多便利。

西方人把口才、美元、电脑称为立足世界的三大战略武器，口才独占三大武器之首，足见其社会作用已被推到惊人的高度。我们天天都在说话，不见得就会说话。语言是维系人际关系的纽带，也是决定你事业高度的关键因素。

口才也并不如一些人想象的那样只有那些雄辩家、演讲者、谈判者，或者老总等一些大人物才需要。我们的日常生活中同样需要一副好口才。比如，你可以通过恰到好处的赞美赢得他人的好感，通过幽默的话语创造和谐的氛围，可以通过适当的场面话给别人留下好的印象。总之，在我们的生活与工作中，口才的作用无处不在。只要我们需要与人交往，就离不开口才。

当然，说话的本领并非来自天赋，而是需要我们用特有的敏锐洞察力去感悟，需要在生活的每一个片段中不断地搜寻、提炼，把它与自己的生活融会贯通，使之真正为己所用。本书通过大量贴近生活的事例和精练的要点，旨在使读者认识到表达的重要性，如何避免败在说话上，以及如何才能让自己更会说话，如何才能迅速练就"三寸不烂之舌"，力求使读者在趣味性的阅读中领悟到语言的智慧与力量。

目录
CONTENTS

第一章
巧言妙语,迅速获得对方好感

每个人都喜欢听好听的话,就像喜欢听好听的歌曲一样,当他们听到好听的话时,就会心情愉悦,这个时候也正是结交关系的时候。所以,好听的话是人际关系中的催化剂,它能够帮助我们迅速地在一个陌生的环境里建立自己的人脉关系网络。因此,在社交中,不妨在嘴上抹点蜜,让别人高兴,也让自己获得别人的好感。

1. 物往贵处说,人往年轻讲 /2
2. 从对方得意的地方说起 /4
3. 发挥"高帽子"的作用 /6
4. 多说些尊重性的话 /8
5. 把"我们"挂在嘴边 /11
6. 多请教以满足他人的为师欲 /13
7. 多说别人的长处,少说别人的不足 /15

第二章
会说场面话,应酬不再是苦差事

应酬是维系人际关系的重要方法,不去应酬和在应酬中不会说话都会导致人际关系破裂。然而过多的应酬让很多人身心疲惫，所以，我们必须懂得如何在应酬中说场面话，只有这样，我们才能够在应酬中得心应手，让应酬不再是一件苦差事。

1. 场面话让素昧平生的人一见如故 /20
2. "无功不受禄"，请客要找好理由 /22
3. 学会打开话匣子 /24
4. 牵线搭桥，漂亮地为他人做介绍 /27
5. 诙谐但不失风度 /29
6. 祝酒词为你的应酬锦上添花 /31
7. 不伤和气的"推"酒功夫 /35
8. 应酬吃饭要善于营造和谐的气氛 /38
9. 场面上不可与上司称兄道弟 /41
10. 生活应酬离不开打圆场 /43

第三章

满足对方心理，求人办事的话要会说

求人办事是我们每个人都会面对的事情，能否成功地请求别人帮助自己，关键在于能否把话说好。把话说好就是要能够让对方打心眼里愿意帮助自己，要做到这一点最重要的是要让自己的话满足对方的心理。所以在请求别人帮助的时候，一定要先掌握对方的心理需求。只有这样，我们的话才能使对方听起来如沐春风。

1. "请"人才能办成事 /48
2. 找准所求人心理的薄弱点，"恭"其所需 /51
3. "捧"着别人为你办事 /52

4. 低姿态易成事　/53

5. 央求不如婉求　/56

6. 运用激将之法，轻松达到目的　/58

7. "好事多磨"，遭到拒绝后坚持言语和气　/61

8. 巧搬"第三者"，事情更容易办成　/63

9. 入情入理的话更有说服性　/65

10. 十种有力的请求方式　/67

11. 事办成了要致谢，没办成也不忘感谢　/70

第四章

能做更要会说，功劳才能事半功倍

俗话说：光说不练假把式，光练不说傻把式。说与做是有机结合的整体，只会说嘴的人固然不能取得成功，只懂得默默耕耘的人同样也无法成功。因为只说不做的人没有实质的付出，只做不说无法让人意识到自己的付出。所以，只有那些既会做又会说的人，才能让自己的每一分付出都为成功添砖加瓦，取得事半功倍的效果。

1. 这样向上司提加薪的要求　/74

2. 替上司为自己找升职的理由　/77

3. 恰到好处地向领导请示工作　/80

4. 把对上司的"意见"变为"建议"　/82

5. 及时汇报工作进度，让上司看到你的努力　/85

6. 同事与你抢功劳时的语言对策　/88

7. 怎样获得上司的赏识　/90

8. 干了活还受气怎么办　/93

9. 尽量少说"不知道" /96

第五章
说服不压服，让别人甘愿为你效劳

人与人之间有地位上的差别，因此在很多时候，地位高的人总是能够凭借着自己地位上的优势强迫他人为自己做事。然而，压服毕竟不能让对方心悦诚服，即使对方答应，也未必能够把事情做好。只有说服对方，让对方心甘情愿地为自己效劳，才能凝聚力量，取得事情的成功。

1. 耐心说服不压服 /100

2. 巧用问话的方式说服 /102

3. 善意地给对方绝望感 /105

4. 说服说在点子上 /107

5. 攻心为上的说服策略 /110

6. "将心比心"是最好的说客 /112

7. 沉默恰到好处，说服无声无息 /115

8. 不要把意见硬塞给别人，"旁敲侧击"更使人信服 /117

9. 表情和声调是成功说服的关键 /120

第六章
攻心有术，让客户无法说 NO

成功的销售人员总是能够在短时间内用言语打动客户，完成签单任务。他们的秘诀就是掌握客户的心理，并在言语中成功地运用，让客户避无可避，只能买下他们的产品。其实，与客户的谈话就是一场心理攻坚战，只要你能够击破客户的心理防线，就可以让客户心甘情愿地购买自己的产品。

1. 换位思考，如果这是我的钱，我会怎么办 /124
2. 加一个鸡蛋还是两个鸡蛋——让对方在两个"好"中选择其一 /126
3. "顺水推舟"的阻力最小 /129
4. 运用最后时限，给对方施加压力 /131
5. 步步紧逼，在心理上压倒对方 /134
6. 适度运用"威胁"策略 /137
7. 有效提问，探查客户内心的需求 /139
8. 客户推托，不要急着反驳 /142
9. 让客户在砍价中获得成就感 /144

第七章
讲究说话方式，方能密切联系、增进友谊

"千里难寻是朋友，朋友多了路好走。"交朋友是我们人生中的一项重要的活动。认识朋友容易，但是维系朋友关系、增进友谊却不简单。朋友相处，最重要的就是体现在语言的交流上，只有讲究说话方式，才不会因言语的不当而导致昔日的朋友感情破裂，甚至老死不相往来。

1. 密友间该客气时也要客气 /148
2. 莫在小事上与朋友斤斤计较 /150
3. 永远避免争论 /153
4. 问候的电话要常打 /155
5. 不要随便打断朋友讲话 /158

6. 安慰的话要会说　　/160
7. 对待朋友的请求，不要斩钉截铁地拍胸脯　　/163

第八章
临危不乱，妙语摆脱窘境、远离尴尬

意外总是会时不时地出现在我们的生活中，当我们因一时的失误或者是他人的捉弄而在公共场合出丑的时候，总是会尴尬无比，下不来台。这个时候就需要我们发挥语言的作用，用巧妙的语言将众人的注意力转移，或者是给自己铺一个台阶，帮助自己摆脱窘境。只要我们使用得当，不仅可以让我们化解尴尬，还能让自己赚足人气。

1. 言语失误时忌乱分寸　　/168
2. 故意拿自己开"涮"化解冷场　　/171
3. 背后说人被当事人听到时该怎么处理　　/174
4. 当场被人捉弄出尽洋相时的应对措施　　/176
5. 采取灵活的措施应对别人的当众指责　　/179
6. 面对奚落，顺水推舟巧应对　　/182
7. 巧妙应对咄咄逼人的话　　/184
8. 面对无理取闹，不可针锋相对　　/188

第九章
有话不一定直说，口下留情、脚下有路

我们常说"良药苦口利于病，忠言逆耳利于行"，然而逆耳忠言未必能够发挥作用，反而会给自己招来祸患，最终也无法实现自己的初

衷。所以，很多时候，忠言也未必一定要逆耳，同样的话换一种婉转的方式来说，或许能够更好地达到自己的目的。有话不直说，口下留情不仅能够更好地达成目的，还能够给自己留一条退路。

1. 直言是刀，伤人还伤己 /192
2. 婉言暗示胜过直截了当 /194
3. 正话反说，容易让人接受 /197
4. 循循善诱胜于苦苦哀求 /200
5. 给带刺的批评裹上"糖衣" /203
6. 巧妙暗示比直接批评更有效 /206
7. 难以启齿的逐客令要讲得不动声色 /208
8. 让对方不失体面地收回"爱" /211
9. 绕个圈子，学会艺术地说"不" /214

第十章

聊天有禁忌，不要哪壶不开提哪壶

聊天是交流感情的一种重要方式，聊得好，能够把陌生人变成朋友；聊不好，则会把朋友变成陌生人。因此，聊天也不能随性所至，想到什么就说什么，如果一不小心戳到了对方的痛处，必然会伤害彼此之间的感情。所以，聊天也不是百无禁忌，该规避的话题一定要规避，切忌哪壶不开提哪壶。

1. 打人不打脸，骂人不揭短 /218
2. 在失意的人面前，慎谈你的得意 /220
3. 玩笑开过火容易伤害别人感情 /222
4. 不拿别人生理缺陷开玩笑 /223

5. 坚决不说风凉话 /225

6. 不要轻易指责别人 /228

7. 别人的隐私，要么拒之门外要么烂在肚里 /230

8. 你的心事不可随便说 /233

9. 切莫逞一时口快，而刺伤他人 /235

第十一章
改掉不受人欢迎的说话习惯

每个人都有自己不同的说话习惯，有的人雷厉风行，说话快人快语；有的人不紧不慢，说话慢慢吞吞；有的人不善言谈，说话结结巴巴；有的人过于高傲，说话颐指气使；有的人过于张扬，说话锋芒毕露；有的人舌灿莲花，说话滔滔不绝。不同的说话习惯带给他人的心理感受是不一样的，有些说话习惯会让其他人感觉到极不舒服，这样的人必然会被他人排斥。所以，我们应该努力改掉那些不受人欢迎的说话习惯。

1. 抬高自己，但别贬低别人 /238

2. 不要总想着"一吐为快" /240

3. 不要光说不练，爱吹牛的人惹人厌 /243

4. 长话短说，长篇大论令人厌 /246

5. 抱怨的话不要太多 /249

6. 让别人先说，自己后说 /252

7. 有再大的功劳也不自夸 /255

第一章

巧言妙语，迅速获得对方好感

每个人都喜欢听好听的话，就像喜欢听好听的歌曲一样，当他们听到好听的话时，就会心情愉悦，这个时候也正是结交关系的时候。所以，好听的话是人际关系中的催化剂，它能够帮助我们迅速地在一个陌生的环境里建立自己的人脉关系网络。因此，在社交中，不妨在嘴上抹点蜜，让别人高兴，也让自己获得别人的好感。

1. 物往贵处说，人往年轻讲

生活中常会出现这样一种情况：你买了一件呢子大衣，市场行情是300元左右，在你极力的讨价还价下这件衣服只花了150元，当你向朋友们展示这件衣服时，如果有人说："起码要300元吧，上次我在商场里看到过这样的衣服，标价还挺高的，再加上质量也挺不错的！"想必这时你的心里一定非常舒服；如果有朋友说："你买得真不值，我觉得最多100元，这种料子又不是很好。"想必你一定会很不开心，觉得对方真不懂行情。

"遇物加钱"和"逢人减岁"是言语交际中人们乐于接受的普遍心理。在日常生活中，有一些赞美他人的技巧是非常简单又非常实用的。这就是"物往贵处说，人往年轻讲"，如果能够经常恰当地使用它，一定会为你人际关系的融洽度增色不少。

我们每个人都渴望自己善于购物，能用最少的钱买到上乘物品是精明能干的一种表现。人们日常购物的普遍心理是，自己能够用"价廉"购得"物美"，通常那些善于购物的人都具有用低价买好货的本领。

但是，即使不是购物的"精明人"，也会希望自己能做精明人才能做的精明事；即使自己不是善于购物者，还是希望自己的购物能力能够获得别人的认可。

周倩倩花400元买了一件波司登羽绒服，正在宿舍里试穿，梁晶晶看了一下周倩倩的羽绒服说："这衣服看起来还行，200块钱应该可以买一件吧！"周倩倩心情郁闷地来到朋友的宿舍，朋友看见后惊奇地叫道："这衣服真好看，得花四五百吧？摸着挺暖和的！"周倩倩听到朋友这样说，笑道："正好碰到元旦打折，花400元就买下来了！"

物往贵处说固然能够让对方心花怒放，但是也不能太过高估，以免让人觉得很虚假。就像"逢人减岁"一样，每个人都希望自己年轻漂亮，尤其是对一些上了年纪的女人来说，这样的赞美会让她们开心不已，但是夸人年轻也要看对象，如果你贸然夸小孩子年轻，反而会引起他们的不满，因为他们都希望快快进入大人的世界。

陈太太才38岁，整天忙着服装店的事也没怎么保养自己，她最讨厌别人说她年纪大。一天，陈太太去批发市场批发服装，一个年轻的女孩走过来说道："阿姨，您要拿点什么样的货，这都是今年的新款。"陈太太哼了一声就往前走去。到了另一家批发商那里，一位小姑娘连忙迎过来："陈姐，今天需要什么样式的，我们刚拿回来不少新样式。"陈太太的心情立马好转，这边看看，那边摸摸，批发了不少衣服。

"物往贵处说，人往年轻讲"，说白了就是投其所好。当然，我们的出发点是光明正大的，我们的这种"投其所好"，无论是对自己、对对方还是对社会，都是没有害处的，相反，这种说话的技巧往往能给对方带来欢乐。对于这样的"美丽的错误"，大家又何乐而不为呢？这种不显山不露水的赞美，往往能使陌生的关系迅速拉近，熟识的人更加亲密融洽。

2. 从对方得意的地方说起

美国成功学家卡耐基说过这样一段话："在去钓鱼的时候，你会选择什么当鱼饵？即使你自己喜欢吃起司，但将起司放在鱼竿前端也钓不起半条鱼。所以，即使你很不情愿，也不得不用鱼喜欢吃的东西来做鱼饵。"我们在和人说话的时候也是如此。不管你有多么独到的见解，或是口才如何好，如果你讲的不是对方感兴趣的话题，你说得再多也是白费力气。

美国著名的柯达公司创始人伊斯曼，捐赠巨款在罗切斯特建造一座音乐堂、一座纪念馆和一座戏院。为承接这批建筑物内的座椅，许多制造商展开了激烈的竞争。在众多商人败兴而归的时候，"优美座位公司"的经理亚当森，前来会见伊斯曼，希望能够得到这笔价值9万美元的生意。

亚当森被引进伊斯曼的办公室后，看见伊斯曼正埋头于桌上的一堆文件，于是他静静地站在那里仔细地打量起这间办公室来。过了一会儿，伊斯曼抬起头来，发现了亚当森，便问道："先生有何见教？"

亚当森说："伊斯曼先生，我本人长期从事室内的木工装修，但从来没见过装修得这么精致的办公室。"伊斯曼回答说："哎呀！这间办公室是我亲自设计的，当初刚建好的时候，我喜欢极了。但是后来一忙，一连几个星期我都没有仔细欣赏一下这个房间。"亚当森走到墙边，用手在墙板上一擦，说："我想这是英国橡木，是不是？意大利的橡木质地不是这样的。""是的，"伊斯曼高兴地站起身来回答说，"那是从英国进口的橡木，是我的一位专门研究装饰橡木的朋友专程去英国为我订的货。"

　　……

　　亚当森和伊斯曼一直谈到中午。伊斯曼对亚当森说:"上次我在日本买了几张椅子,放在我家的走廊里,由于日晒,都脱了漆。昨天我上街买了油漆,打算把它们重新油漆好。您有兴趣看看我的油漆表演吗?好了,到我家里和我一起吃午饭,再看看我的手艺。"

　　午饭以后,伊斯曼看着亲手漆好的椅子深感自豪。直到亚当森告别的时候,两人都未谈及生意。最后,亚当森不但得到了大批的订单,而且和伊斯曼结下了终身的友谊。

　　每一个人都有自认为得意的事情,这事情的本身,究竟有多大价值,是另一个问题,而在他本人看来,却认为是一件值得终身纪念的事。你如果能预先打听清楚,在有意无意之间,很自然地讲到他得意的事情,只要他对你没有厌恶的情绪,只要他目前没有其他不如意的刺激,在情绪正常的情况下,他一定会高兴地听你说的话。

　　一位业务员去一家公司销售电脑时候,偶然看到这位公司老总的书架上摆放着几本关于金融投资方面的书。刚好这名业务员对于金融投资比较感兴趣,就和这位老总聊起了投资的话题。结果两个人聊得热火朝天,从股票聊到外汇,从保险聊到期货,聊人民币的升值,聊最佳的投资模式,聊得都忘记了时间。

　　直到中午,这位老总才突然想起来,问这名业务员:"你销售的那个产品怎么样?"这名业务员立即抓住机会给他做了介绍,老总听完之后就说:"好的,没问题,咱们就签合同吧!"

　　人与人沟通,很难在一开始就产生共鸣。当我们试图说服别人,或对别人有所求的时候,最好从对方感兴趣的话题说起,不要太早表露自己的意图,让对方一步步地赞同你的想法,当对方深入了解你之后,便会不自觉地认同你的观点。

当然，你在说的时候还要注意技巧，表示敬佩，但不要过分推崇，否则反而会引起别人的不安。对于事情的关键点，要慎重提出，加以正反两方面的阐述，使得他认为你是他的知己。你一面听，一面说几句表示赞赏认可的话，即使他是个冷静的人，也会变得和蔼可亲，然后你利用这个机会，稍稍暗示你的意思，这样谈下去的结果自然是皆大欢喜。

3. 发挥"高帽子"的作用

美国心理学家威廉·詹姆斯有句名言："人性最深刻的原则就是希望别人对自己加以赏识。"每个人都希望得到他人的赞美，即使对方明知你说的是奉承话、"假话"，心中也会沾沾自喜，这是人性的弱点，永远也改变不了的弱点。赞美犹如阳光，获得别人的肯定和赞美是人们共同的心理需要，一旦得到满足，便会成为其积极向上的原动力。

清末有个叫彭玉麟的官员，有一次路过一条狭窄的小巷。一个女子正在用竹竿晾衣服，一不小心竹竿掉下来正好打在彭玉麟的头上。彭玉麟勃然大怒，指着女子大骂起来。那女子一看是彭大人，吓得冷汗直冒。

但她猛然间急中生智，便正色说："你这副腔调，这样蛮横无理。你可知道彭大人就在此地为官？他清廉正直，假使我去告诉他老人家，怕要砍掉你的头。"彭玉麟一听这女子如此夸赞自己，不禁得意扬扬起来，而且马上意识到了自己刚才的失态，心平气和地走了。

现在这个社会，因为各种压力的存在，人们受到的赞美越来越少了。没有被人赞美与肯定，人们就开始失去自信，所以一般的"高帽子"，大家都乐意接受。然而，"高帽子"却不是人人都会戴的，需要技巧和学问。如果戴得不好，则会适得其反。所以，我们在说服别人时，应该有技巧地给他戴"高帽子"。

卡耐基小时候是一个公认的坏男孩。在他9岁的时候，父亲把继母娶进家门。当时他们还是居住在乡下的贫苦人家，而继母则来自富有的家庭。父亲一边向继母介绍卡耐基，一边说："亲爱的，希望你注意这个全郡最坏的男孩，他已经让我无可奈何。说不定明天早晨以前，他就会拿石头扔向你，或者做出你完全想不到的坏事。"

出乎卡耐基意料的是，继母微笑着走到他面前，托起他的头认真地看着他。接着她回头对丈夫说："你错了，他不是全郡最坏的男孩，而是全郡最聪明最有创造力的男孩。只不过，他还没有找到发泄热情的地方。"

继母的话说得卡耐基心里热乎乎的，眼泪几乎滚落下来。就是凭着这一句话，他和继母开始建立友谊。也就是这一句话，成为激励他一生的动力，使他日后创造了成功的28项黄金法则，帮助千千万万的普通人走上成功和致富的道路。

在继母到来之前，没有一个人称赞过他聪明，他的父亲和邻居认定：他就是坏男孩。但是，继母就只说了一句话，便改变了他一生的命运。卡耐基14岁时，继母给他买了一部二手打字机，并且对他说，相信你会成为一名作家。卡耐基接受了继母的礼物和期望，并开始向当地的一家报纸投稿。他了解继母的热忱，也很欣赏她的那股热忱，他亲眼看到她用自己的热忱，如何改变了他们的家庭。所以，他不愿意辜负她。

来自继母的这股力量，激发了卡耐基的想象力，激励了他的创造力，帮助他和无穷的智慧发生联系，使他成为美国的富豪和著名作家，成为20世纪最有影响的人物之一。

记得卡耐基训练中的一篇经典文章曾有这样一句话："掌声可以使一只脚的鸭子变成两只脚。"在日常交往中，人人需要赞美，人人也喜欢被赞美。如果一个人经常听到真诚的赞美，就会明白自身的价值，有助于增强其自尊心和自信心。特别是当交际双方在认识和立场上有分歧时，适当的赞美会发生神奇的力量，不仅能化解矛盾，克服差异，更能促进理解，加速沟通。所以，善交际者也大多善于赞美。

你如果想让自己的"高帽子"乐于被人接受，就应该与众不同，有自己的特色，美丽高雅一些，不能俗不可耐，让对方倒胃口。只有漂亮实用的"高帽子"才能在说服中起作用。

赞美，就像一剂良药，能够愈合对方因为错误而引发的心灵创伤和悔恨，除去心头的痼疾，矫正行为的错误，鼓舞其改过的信心，点燃其向善的勇气。正如丘吉尔所说："你想要人家有什么样的优点，你就怎样去赞美他吧！"生活在社会中的每个人，都希望得到他人的赞美。赞美往往会激发听者的自豪和骄傲，从中了解自己的优点和长处，认识自身的生存价值，从而融洽和谐人际关系，创造美好的心境。

4. 多说些尊重性的话

印度诗人泰戈尔有一句非常经典的话：你希望别人怎样对待你，你就应该怎样对待别人。你尊重人家，人家尊重你，这是人与人之间的公平交易。我们对待别人的态度往往决定着别人对待我们的态度，就如同一个人站在镜子面前，笑时镜子里的人也跟着笑；对着镜子大喊大叫，镜子里的人也大喊大叫。因此，要想获得他人的好感和尊重，首先自己必须尊重别人。

大兵和刘洋在同一单位工作，在工作能力上大兵比刘洋稍胜一筹，这让刘洋心里很不爽，而他平衡自己妒忌心理的方法便是伺机向大兵放暗箭。

有一次，单位举行篮球比赛。由于大兵是篮球队的主将之一，刘洋也前往"捧场"。当他看见大兵第二次投篮不中时，他用力鼓掌并大声叫喊："不中不要紧，精神可嘉！"结果大兵第三次投不中时，刘洋阴阳怪调地说："再来一个，总有投中的时候嘛！"大兵再次投篮仍没投中，刘洋继续冷嘲热讽："命中率有进步！"如此这般，在整场比赛中刘洋表面上是给大兵捧场，实际上却在奚落他、挖苦他。

在一次讨论工作方案的会议上，大兵刚刚说完自己的设想，刘洋就用不阴不阳的口气说："大兵花了这么大的工夫，搞了这么一堆材料，一定很辛苦，我怎么一句也没听懂呢？是不是我的水平太低，需要大兵给我再来一点启蒙教育？"

大兵非常生气地说："有意见可以提，你用这种口气是什么意思？"面对刘洋的恶言恶语，大兵本想反击，但一想君子报仇十年不晚，于是又隐忍作罢。后来，大兵当上了刘洋的上司。终于有一天，大兵逮住了刘洋的错误，借机将他调到单位下属的一个小厂去了。

我们常常会在比我们身份高的人面前，表现谦虚，而在与我们地位平等的朋友或者同事面前，就会很放松，甚至会因为自己有某方面的优势，而处处显示出一种优越感，这样做的结果只会让人离你越来越远。无论一个人的身份如何都希望受到尊重。如果我们因为一个人穿着不讲究而面露不屑，或者因为一个人消费太低而心生歧视，那么，我们不仅会失去别人对自己的尊重，而且会失去更多。

齐云毕业于名牌大学，竞聘到总经理办公室秘书这一职位，由于他文字表达能力强，工作做得出色，又善于察言观色，所以很受总经理器重。

由于齐云的表现获得了公司高层的一致好评，当总经理助理的职位空下来的时候，齐云接替这个职位几乎是不用商定的事实，齐云听到这一消息后心花怒放。可是，这板上钉钉的事却出现了变化，原因就是齐云对同事的态度。齐云对待同事的态度，可远远不比在那些领导面前的态度。他自以为是老总的红人，就觉得比同事高一等，不但对同事爱搭不理的，说话的口气也是颐指气使的，不给人留一点面子。

一天上午，公司传达室那位相貌平平的女工来给总经理送报纸，恰逢总经理不在。她把报纸放在了桌子上，可是转身的时候，不小心碰掉了。女工刚要弯腰去捡，就听到旁边的齐云严厉地命令道："快把报纸捡起来！"

没想到，送报纸的女工一点也不示弱，回击道："请你态度放尊重点！"齐云冷笑道："一个送报纸的，还要怎么尊重？"女工气得一时说不出话来，摔门而去。

后来，不知道为什么，提拔齐云任总经理助理的文件一直没有下来，而且老总对待他也不像以前那样热情了，就在这时，一纸调令将他调回了市场部的基层。

他拿着调令找到老总，坦率地说："我想知道我做错了什么。"老总说："从你这一段的工作来看，你还不成熟，还需要在基层部门锻炼。"后来，他从别人对自己的议论中获悉传达室的女工是老总的表妹，这才知道自己被调离的真正原因。

用友善的眼光注视别人，对每一个人报以微笑，用友好的方式来表达自己的尊重之意，别人也会以同样的方式来回报你。尊重公司里的每一个人，这不仅仅是一句口号，更重要的是需要你切实地去贯彻执行。

无论一个人是贫穷还是富贵，是公司总裁还是扫马路的清洁工，都应该受到尊重。有些非常"势利"的人总喜欢戴着有色眼镜看人，看人家穿的像平民，就仗着自己有个一官半职趾高气扬，殊不知，对方的身份随时都会改变，就好比一个修剪花木的老头，实际上有可能是公司的总裁！所以，我们要懂得尊重每一个人。

5. 把"我们"挂在嘴边

生活中我们不难发现有这样一些人，总是喜欢把"我"字挂在嘴边，这样的人存在过于浓厚的自我中心观念，凡事都只希望满足自己的欲望，要求人人为己，却置别人的需求于度外，不愿为别人做半点牺牲，不关心他人痛痒。

这样的人要求所有的人都以他为中心，恨不得让地球都围绕他的意愿转，服从于他。他们只要集体照顾，不讲集体纪律，否则就感到委屈、受不了。却不愿从客观实际出发，不能服从他人及集体。这种人强烈希望别人尊重他，却不知道自己也应该尊重别人。总之，这些人心目中充满了自我，却唯独没有他人，信奉的是人不为己，天诛地灭。其问题出在自我意识过浓，走向了以自我为中心的极端，或者说个人主义思想严重。

有人做过调查，人们每天最常用的一个字就是"我"。为什么人们对"我"字特别关心呢？就是因为大多数人都喜欢被人称赞，也喜爱称赞自己。因此，你若想博取别人的好感，就要懂得维护他人的自尊心，避免自我中心倾向，千万不要常把"我"字挂在嘴上。

小飞去参加同学聚会，刚开始大家聊得很愉快，可是聊到后来，会场气氛一下沉重起来，很多同学都沉默了。原来每次谈到一个话题，小飞都会抢过话头滔滔不绝，不给别人说话的机会，似乎所有同学都得围着他转。

当老班长提议有时间大家可以一起去云南旅游时，小飞立马说道："我上次去云南，怎么怎么……"聊到哪家料理不错，小飞说："我觉得应该去……"和小飞要好的大鹏发现了他的这一毛病，好心提醒他，可小飞完全不当一回事，依然故我。本来说好到12点的聚会在10点就提前结束，最后小飞还说："怎么这么早就结束了，我还没和老同学聊够呢……"后来，同学们组织聚会再也不叫小飞了，连最要好的几个同学也渐渐疏远了他。

亨利·福特曾说："一个满嘴'我'的人，一个独占'我'字，随时随地说'我'的人，是一个不受欢迎的人。"在人际交往中，"我"字讲得太多并过分强调，会给人突出自我、标榜自我的印象，这会在对方与你之间筑起一道防线，形成障碍，影响别人对你的认同。

一篇名为《良好人际关系的一剂药方》的文章曾经刊登于《福布斯》杂志上，文章中这样写道：语言中最重要的五个字是"我以你为荣！"语言中最重要的四个字是"您怎么看？"语言中最重要的三个字是"麻烦您！"语言中最重要的两个字是"谢谢！"语言中最重要的一个字是"你"，语言中最不重要的一个字是"我"。因此，会说话的人，在语言传播中，总会避开"我"字，而用"我们"开头。

俄国十月革命刚刚胜利的时候，许多农民怀着对沙皇的刻骨仇恨，坚决要求烧掉沙皇住过的宫殿。

别人做了许多工作，农民们都置之不理，非烧不可。最后，列宁亲自出面做说服工作。列宁对农民说:"烧房子可以。在烧房子之前,我们大家一起来思考几个问题可以不可以?""当然可以。"列宁问道:"沙皇住的房子是谁造的?"农民说:"是我们造的。"列宁又问:"我们自己造的房子,不让沙皇住,让我们自己的代表住好不好?"农民们齐声回答:"好!"列宁再问:"那么这房子我们还要不要烧呢?"农民们觉得列宁讲得好,同意不烧房子了。

我们常常听到有人去公司面试时会说"咱们公司怎样……""咱们都有……",记者在采访中也会用到"咱们这次改革……"或者"我们村……",还有一些教师上课时也会用"我们来看下一题"或者"我们今天上哪一课……"等句式来表达。这样说话能拉近与对方之间的距离,让人觉得和缓亲切,令对方心中产生一种参与意识,使气氛立刻活跃起来。

所以在与人谈话时,学会把"我"改成"我们",会赢得他人对你的好感,更容易获得别人的友谊,增加你的成功率。

6. 多请教以满足他人的为师欲

相信每个人都经历过这样的事情:当你的同学、朋友向你请教各种问题,认真听你讲解的时候;当你的下级一脸崇拜地要你传授经验的时候,无论你心情如何,多么繁忙,都会满面笑容地解答他们的疑问,并且心中感到非常满足。

仔细想一下你的这种亲身体会,就会发现,成就感在每个人的心中是多么根深蒂固。别人向我们虚心请教,就表示我们在某些地方表现出众。在别人向我们请教时,心里不由自主地就会涌起一股自豪感和愉悦感，它不仅引导着我们的心灵，还主宰着我们的理智。相信每一个拥有健康心灵的人都会喜欢这种感觉、享受这种优越感。

张小寒和李梦云两个人都是老板的秘书，才干不相上下，都写得一手好文章。但是两个人的做法不同。张小寒很善于领会领导的意思，写出的稿子往往是一锤定音，老板也挑不出什么毛病来。而李梦云似乎有些笨拙低效，每次初稿总是有些不尽如人意的地方，每次都要请老板斧正。文章经老板一点拨，立刻就能改得漂漂亮亮。

几年后，人们发现，张小寒仍在那个秘书的位置，而李梦云早已另有重用，高升一步了。有人问李梦云其中的奥秘，早已不再是秘书的她微笑着说："如果你的资质能与老板一样高，甚至比老板还高明，那要老板干什么？"

李梦云主动贬低自己，以请教来突出老板的高明，从而使老板获得了某种心理上的满足感，这的确使老板有一种成就感，而正是这种感觉使李梦云获得了成功。每一个人都乐于别人向他请教，都具有好为人师的一面。要交朋友、求人帮忙，就要充分利用对方好为人师的特点，利用得好，就会赢得对方的好感，事情就会办得又快又好。

长岛的一位汽车商人，利用赞美和请教的技巧，把一辆二手汽车，成功地卖给了一位苏格兰人。

那个苏格兰人想买一辆二手汽车，这位汽车商人带着他看过一辆又一辆车子，但他一会儿说这不适合，一会儿说那不好用，价格又太高，使这笔生意一直没有做成。这位商人思索了很长时间，决定停止向那位苏格兰人推销，而让他自动购买。

几天之后，当有一位顾客希望把自己的旧车子换一辆新车时，这位商人就有了新的办法。他知道，这辆旧车子对那位苏格兰人可能很有吸引力。于是，他打电话给苏格兰人，请他过来一下，特别帮个忙，提供一点建议。

那个苏格兰人来了之后，汽车商人说："你是个很精明的买主，你懂得车子的价值。能不能请你看看这部车子，试试它的性能，然后告诉我这辆车子应该出价多少才合算？"苏格兰人的脸上泛起了灿烂的笑容。他的能力已受到赏识。他把车子开出去试了试，然后开回来。"如果你能以3000元买下这部车子，"他建议说，"那你就买对了。""如果我能以这个价钱把它买下，你是否也愿意买它？"这位商人问道。3000元，这是他的主意、他的估价。这笔生意立刻成交了。

在需要他人帮忙的时候首先满足他的虚荣心是一个不错的切入点。要求别人帮忙时，你不这么做是不行的，如果你表现得比对方还要出色，对方在心理上就会产生一种挫败感，心态不好的甚至会对你产生反感，这样一来，该帮的或不该帮你办的事就都办不成了。

每个人都有他的长处和短处，对方再不济，也会有出色的一面；你资质再高，也有不如人的时候。所以，不管是在平常的人际交往中，还是在与领导同事相处的过程中，常在某些方面表现"差"一点，多向他人请教，这样不仅让他人感到心情舒畅，有被重视的感觉，也是你提高人气值的最好方法。

7. 多说别人的长处，少说别人的不足

"良言一句三春暖，恶语伤人六月寒"，一句善意的鼓励，或恶意的批评，有时会改变人的一生。一句表扬的话，常常会使人信心倍增，增强勇气，去争取更大的进步；一句恶意的批评，会使人情绪低落，丧失斗志，失去进取心。

多说别人的长处，少说别人的不足，这是人际交往中必须懂得的道理。所谓"人无完人"，在与人相处的过程中不要拿着放大镜去寻找别人的短处，我们应该以一颗宽容的心去包容，多看他人的长处，不仅让对方心里舒坦，也会为自己赢得更多的友谊。

公司里的同事正在争办公桌的座次。杨琳心直口快，见新来的王新梅非要排在新配的电脑办公桌前，恰好是最末位，就顺口说道："好啊，你排在最末，是咱们办公室的宝贝疙瘩，你又姓王，以后就叫你'疙瘩王'好了！"原来王新梅的脸上正好长满了青春痘，被这样说哪有不恼火的道理！

杨琳见自己惹了事，懊悔不已。忽然，灵机一动，借余光中的诗句揽镜自顾道："'蜷在两腮分，依在耳翼间，迷人全在一点点。'真是'一波未平，一波又起'啊！"王新梅一听，放声大笑——原来，杨琳的脸上长满了雀斑。

被击中痛处，对任何人来说，都不是一件令人愉快的事。无论是什么人，只要你触及了他的伤疤，他就会采取一定的方法进行反击。不幸的是，社会上就有这样的人，专好推波助澜，把别人的是非编派得有声有色，夸大其词地逢人就说，世间不知多少悲剧由此而生。

任何人都难免犯错误，我们不要一味地批评和指责，应看到别人的成绩和长处，多一些赞扬和鼓励。批评和指责只会招致敌对和怨恨。一句鼓励的话，一个微笑的眼神，都能成为别人进步的巨大动力。

有一次，曾凯然下班回家关门的声音太响，妻子马丽丽听见后就对他说："不想回家就别回来，别一回来就摔门。"于是，两个人就开始互相指责对方的不是，没完没了地吵起来。

心情本来就不好的马丽丽见丈夫对自己有那么多不满，心想：工资没我拿得多，大部分家务也是我来做，还这样说我。于是马丽丽火了，尽拣难听的话说。

"你有本事别让我们住这破房子啊！还不是你蠢，总被别的同事算计，有次被一个'铁哥们儿'给陷害了，自己还蒙在鼓里，还给人家帮忙，真怀疑你是不是长了个猪脑子！要不是我去给你们领导送礼，这房子还分不到我们头上，还好意思跟我吵。"

曾凯然受不了妻子这么刻薄的话，当即摔门而去。晚上11点多，曾凯然也没回家，马丽丽后悔不该拿老公以前的糗事来刺激他，于是开始着急地打他的手机。打了好几个电话曾凯然都不接，于是马丽丽就发短信叫他回家。

终于，晚上12点多时，曾凯然回来了。马丽丽立即承认今天自己做得不对，不该说那些话。虽然自己嘴上那么说，但真的从来没有后悔嫁给他。曾凯然抱了抱妻子，告诉她以后别再犯同样的错误。两人商定，不管以后再怎么吵架，也绝对不说伤害对方的话。

此后，两人虽然还是会有争吵，但不会揭对方的短。有时候，马丽丽乱说话，曾凯然就会笑着提醒她当心触电，马丽丽反应过来，就会马上管住自己的嘴。

在现实生活中，我们要尽量了解别人，多一些关爱，少一些批评和指责，遇到别人做得不对，应设身处地地想一想，如果是我会这样吗？要学会换位思考，这比批评和责怪更有益。

"尺有所短，寸有所长"，一个人，不可避免地有这样那样的缺点甚至毛病，而且可能有的还比较严重，但是，这些人又各自不同地有着这样那样的优点和长处，如果我们一味地挑剔这些人的缺点和毛病，那么，你就不可能同这些人长久地和谐相处。

如果这些人的缺点和毛病无碍大局，那么你就可以对他们的这些缺点毛病忽略不计，而把同朋友处理关系的重点集中到他们的优点和长处上，并且不时予以适当放大，那么，你就可能同这些朋友长期和睦相处。"水至清则无鱼，人至察则无徒"，过于挑剔朋友缺点和毛病的人，是没有朋友的；常想朋友长处和优点的人，则朋友如云！

第二章

会说场面话，应酬不再是苦差事

应酬是维系人际关系的重要方法，不去应酬和在应酬中不会说话都会导致人际关系破裂。然而过多的应酬让很多人身心疲惫，所以，我们必须懂得如何在应酬中说场面话，只有这样，我们才能够在应酬中得心应手，让应酬不再是一件苦差事。

1. 场面话让素昧平生的人一见如故

自古以来就有相见恨晚这一说法，一见如故成就了多少知己好友，而要掌握"一见如故"的诀窍就要善于和陌生人打交道，给对方留下初次见面的好印象，对扩大你的社交圈子非常有帮助，此时你的开场白的好坏与否就决定着你和对方的关系如何发展。

那么，究竟怎样做才能让对方对你有相见恨晚的感觉呢？你可以参照以下开场白的方式。

问候式：

"您好"是向对方问候致意的常用语。如能因对象、时间的不同而使用不同的问候语，效果则更好。对德高望重的长者，宜说"您老人家好"，以示敬意；对年龄跟自己相仿者，称"小林，你好"，显得亲切；对方是教师、医生，说"钱老师，您好""杨医师，您好"，有尊重意味。节日期间，说"节日好""新年好"，给人以祝贺节日之感；早晨说"您早""早上好"则比"您好"更得体。

攀亲式：

里根总统在访问复旦大学时，面对教室里的100多位从未谋面的学生，开场白就是："其实，我与你们学校有着密切的关系，你们的校长和我的夫人南希都是美国史密斯学院的校友，这样看来，我们都是朋友了！"话一说完，全场掌声雷动，接下来的谈话极为融洽。

还可以这样开场:"我认识你的妈妈""你和我的弟弟是同学"等等。短短的几句话就能拉近彼此的距离,只要你善于寻找,就一定会发现与其"有关系"的地方。

敬慕式:

对初次见面者表示敬重、仰慕,这是热情有礼的表现,也表示你对对方的重视。使用这种方式必须注意:要掌握分寸,恰到好处,不能乱吹捧,不可说"久闻大名,如雷贯耳"一类的过头话。表示敬慕的内容应因时因地而异。例如:"您这次发的新专辑我听过很多遍,真的是天籁之音啊!歌词也写得非常好。""前几天我还看过你录的节目,非常好看。"寒暄语不一定具有实质性内容,而且可长可短,因需而异。特别要注意的一点就是寒暄语应当删繁就简,不要过于程式化。

触景生情式:

触景生情式是针对具体的交谈场景连带产生的问候语,比如对方刚做完什么事、正在做什么事以及将要做什么事,都可以作为寒暄的话题。

重视式:

在和素昧平生者开始交往时,要表现出对别人的兴趣。这样做有两个好处:第一,让对方感到你对他的关注,使他的自尊心得到了满足,从而增强了对你的信任感,便于交流;第二,对别人感兴趣,能够比较全面地了解对方的情况,使你在和对方交流的时候能够迅速抓住话题,引起对方的兴趣。

每个人都希望得到别人的承认和肯定,需要别人的诚意和赞美。被别人关注的感觉真的很好,如果第一次和别人交往就被关注,那就更极大地满足了自己的自尊心。无疑,他对你的好感就会更加强烈。

2."无功不受禄",请客要找好理由

民以食为天,生活中请客吃饭是非常平常的事情,如父母生日、升迁、搬家、节日等都成了正当聚会的理由,饭桌也似乎失去了原有的意义,变成了交易的场所、联络感情的基地、求人办事的前提。在这日趋盛行的请客大潮下,吃饭是一件极其简单的事情,但是"请客"就不是那么容易了。所谓"无功不受禄",因此,不管出于什么原因请客吃饭,都要找到一个适当的理由。

佳宁是公司新来的大学生,初入职场的他和办公室里元老级的同事总有一些不合拍,连经理都说他有些木讷。办公室里的同事总能找到理由请客,经理也时不时欣然前往。而佳宁更感到被孤立,所以他也在寻找请客的理由,以此拉近和大家的关系。

佳宁没有女朋友,生日还有半年多的时间,他实在找不到可以宴请大家的理由,又怕落个"马屁精"的雅号。这天,佳宁在路边的饭厅吃午餐,看到对面商店门口有个体育彩票销售点,很多人排着队在买彩票。佳宁灵光一闪,顿时想到了一个好办法。

从那天起,佳宁开始买彩票,还有意无意将买来的彩票遗忘在办公桌上。佳宁买彩票的消息,在同事间不胫而走。还没等大家把这个消息炒成办公室最热门话题,佳宁一大早就郑重其事地宣布自己中了2000元,决定请大家吃饭。下班后,经理和同事们跟着佳宁来到了预订好的酒店,酒足饭饱后,佳宁从大家的眼神里看到了认可和友好的神情,自此佳宁渐渐融入了这个大集体。

谁都知道，办宴容易请客难。请客吃饭不是一件容易的事，它的难点主要在于三个，即如何请出来、吃什么和如何边吃边工作。这三个步骤中，首当其冲的就是"如何请"。比如你想要和人家谈成一笔生意，如果你直接提出请客，人家肯定不会去。所以请客吃饭也是要讲技巧的，如果你方法不正确，理由不够好，即使人家去了，也未必能办成事。

有一位小老板，想结识某个部门的经理，他也知道自己的斤两不够，便托了一位有一官半职并与经理很熟悉的朋友去请。结果，客是请来了，但经理一看席间的情形，除了请他的朋友，其余尽是"白丁"，顿觉大掉身价，开席不到一分钟，只与请他的朋友碰了下杯，算是给了他面子，然后便借故离席。至于那买单的小老板，经理只作不认识，连招呼也没有打一声。

在现在这个复杂的社会里，谁要想做成什么事、想结识什么人、摆平什么纠葛，甚至讨得自己心仪的佳人的欢心，请客都是必不可少的一环。所以我们一定要掌握请客的方法，找个正当的又容易让人接受的理由。

心诚则灵。所谓诚意，是一种坚持、耐心、毅力，是一种百折不挠的混合物。简单地说，这个客户很难请出来，你就不停地邀请。只要有空闲时间，第一个就给他打电话："陈总，您今天方便吗？咱们聚一聚？""陈总，吃饭了吗？我发现有一个新开的酒店挺不错，咱们去试一试？"只要你坚持不懈，没有人不会被你的诚意打动。

未雨绸缪。机会总是留给那些有准备的人，临时抱佛脚乃请客者之大忌。事到临头才想到去请主要人物吃饭帮忙，人家十有八九不会答应。假如你是做生意的，你不管有事没事，总要时常把能够对你的生意产生影响的相关人物请到饭桌上，相互吃出感情了，真有什么事，解决起来便是水到渠成。

圈子循环。现在，无论是商场还是官场，乃至民间，都存在大大小小的圈子。圈子内外是分得很清楚的。你想要请某人吃饭，必须先要摸清楚他圈内有哪些人。你要请客，最好先找个圈内的人把其他人约好，这样，当关键人物问起你还请了谁时，你只要把另外几个名字一一报出，保准你请客成功。当然，在席间，你千万要多敬酒，少说话，最好把自己喝得只剩下买单时的清醒，让人觉得你够意思。

突出中心。你要请客，只能有一个主客，其余的陪客都要有围着主客转的意识，千万不能请这个主客的上级来共赴饭局。这样的话，主客不仅失去了"主"的优越感，还会产生你用上级来压他的反感。一旦主客有了这种成见，你就再难请到他了。

请客的理由五花八门，请客的方法也是多种多样，如果你想要达到请客的"目的"，就得好好花费心思去学习，努力寻找让人信服的请客理由，这样才能皆大欢喜。

3. 学会打开话匣子

很多人在面对陌生人的时候，常常手足无措，不知道该如何开口。其实，打开话匣子并不难，因为可以交谈的话题就在你身边。交谈过程中，由于话不投机或不善表达，常出现冷场的情况，冷场无论对于交谈、聚会，还是议事、谈判，都是令人窘迫的局面。在人际交往中，它无疑是一种"冰块"。打破冷场的技巧，就是转移注意力，另换话题。

冷场是谈话即将失败的一个征兆，所以，谈话双方对可能出现的冷场，要有一定的预见，并采取措施加以预防。比如，举行座谈会的时候，要精心挑选出席对象，既要考虑到与会者的可能发言率，也要考虑到与会者的代表性，以免坐而不谈。有时，甚至还可预先排定座次，尽量不要让最可能造成冷场的几种人坐在一起，使说话少一点拘束。同时，还要将健谈者与寡言者进行适当的搭配。这样就可借助组织手段，尽量避免出现冷场。

避免冷场是谈话双方共同追求的，为防止万一出现冷场，还是要有些准备。作为主人或会议主持者，作为会话的一方，你可以用下面的做法打破冷场。

第一，开个玩笑，活跃一下现场气氛，并巧妙地转入正题；

第二，向对方介绍一个人、一件事或一样东西，以转移大家的注意力，激发他们重新开口的兴致；

第三，故意挑起一场有益的争论；

第四，就地取材，对环境、陈设等发表看法，引起议论；

第五，提出一个多数人都感兴趣并有可能参与意见、发表看法的问题；

第六，用聊天的方式，同一两个人谈谈家常，问问情况，"明修栈道，暗度陈仓"，引出众人关注的话题。

谈话的话题是否有趣有益和冷场的出现有很大的关系。"曲高和寡"，会导致冷场；"淡而无味"，同样会引起冷场。不希望出现冷场的交谈者，应当事先做些准备，使自己有一点"库存话题"，以备不时之需。

比如，年龄大的人喜欢回忆往事，同他们聊聊民情的变迁、风俗的演化、本地市政的沿革等。由于掌故颇丰，他们往往会油然而生浓郁的谈兴。如果没有别的话题，那么不妨向他们询问一下其子孙儿女的近况，一般都能撬开老年人的话匣子。年轻人性格活泼，爱好广泛，电视、音乐、网络、旅游、美容等都可激起他们的谈兴。

与素昧平生者首次交谈时,还可以巧妙地借用彼时、彼地、别人的某些材料为题,借此引发交谈。有人善于借助对方的姓名、籍贯、年龄、服饰、居室等,即兴引出话题,常常会收到好的效果。凡是这一类眼前的事物,最容易引起人们的注意,只要其中有一样碰巧对方很有兴趣,那么,你与对方的交流就可以更深一步了。

在社交场合,如果只顾自己滔滔不绝,是不礼貌的;"沉默是金"也根本行不通。当社交场合出现"冷场"的时候,应当"急中生智",打破沉寂,这样做的最有效的方法莫过于"提问",就刚才别人提到的某个话题巧妙提问。在内容上,可以问这个话题"为什么是这样?""现在怎样?""将来会怎么样呢?"在形式上,可以就你想了解的问题进行发问,还可以从相反的方向提出反问,可以旁敲侧击地探问,也可以穷根究底地追问。此外,如果你觉得刚才的话题实在不能或不该继续下去,你也不妨以谈天气、谈环境、谈饮食、谈新闻趣事、谈休闲爱好、谈养生之道等方式继续聊下去。这样既可以避免尴尬、难堪,也可由此引出新的话题。

下面列出十条话题,可供冷场时"救急"之用。

(1) 新闻趣事;

(2) 日常生活中的"热点";

(3) 旅游、采购;

(4) 对方的健康;

(5) 对方的孩子;

(6) 影视戏剧;

(7) 对方事业上的成就;

(8) 体育运动;

(9) 对方个人爱好;

(10) 某地的风情、特产。

关心、体谅、坦率、热情，是打破冷场的最有力"武器"。以这样的态度去努力，"坚冰"可以融化，僵局不难打破。希望你在会话遇到冷场时，能够以这种态度，去运用上面介绍的技巧，做一次成功的"破冰"尝试。

4. 牵线搭桥，漂亮地为他人做介绍

社交场合中并非人人都相识，而参与社交的人往往希望结识更多的朋友，因此，介绍他人便成了社交中必不可少的方式了。一个优秀的介绍人可以促使陌生人成为朋友，可以促进双方的合作，甚至可以使双方结为秦晋之好。介绍的场合和气氛应该是自然、轻松、愉快的，正式的介绍仪式，也是每个人应该知道的，下面就来看一下介绍都有哪些需要注意的地方。

第一，介绍者为被介绍者介绍之前，一定要征求一下被介绍双方的意见。在某种场合下，虽然看起来需要我们介绍，但是我们也不能自作主张，在介绍之前，一定要询问被介绍者的意愿，这并不是说有些时候，有人不愿意被介绍，只是给被介绍者打个招呼，让他有一个准备。如果我们不询问他的意见，开口就进行介绍，会显得很唐突，也会让双方措手不及。

第二，注意使用尊称。无论你与被介绍者的关系如何，都必须使用尊称，因为这是社交场合，是把一个人介绍给另外一个人，必须体现出对双方的尊重，"先生"是对成年男性的尊称，"女士"是对已婚妇女的尊称，"小姐"是对未婚女子的尊称。适当的时候我们可以不用这些尊称，直接用他们的"头衔"，这需要我们详细地了解每一个被介绍者

的信息。

第三，遵守"尊者优先"的规则。比如说，我们邀请很多人到家里来，但是这些人互相并不认识，这个时候，我们就要充当一个介绍人的角色了。在介绍的时候，我们要注意了，不能一窝蜂地胡乱介绍。如果有地位上的差别，那就把地位低的人介绍给地位高的人；如果大家地位相当，那就把年轻的介绍给年长的；如果双方年龄、职务相当，则把男士介绍给女士。

第四，在介绍多人的时候，一定要注意先介绍地位高的人。比如说在公司的联谊会上，我们在把己方的一些重要人物向对方介绍时，就需要先从地位最高的董事长介绍起，然后依次介绍总经理、部门经理、主管等。这个顺序是千万不能弄错的。

再比如聚会上的介绍方法：在宴会、舞会，或普通集会，来宾较多，这时不必逐一介绍，主人只须介绍坐在自己旁边的客人互相认识就可以，其余的人应自动和邻座聊天，不必等主人来介绍。在家庭式的聚会上，可适当向一小组人介绍后到的客人。

想要漂亮地为他人牵线搭桥，说话的时候一定要清楚明确，不要拖泥带水、含糊其词。比如你向人介绍"张小姐"时，一定要说清楚是"弓长张"；介绍"陈先生"时，最好补充一句"耳东陈"，这样一来，就会使人清楚明了，避免引起不必要的误会。

还有，如果你介绍的人有一定的身份地位时，一定要连同他的职务一起介绍，可以加深别人的印象。当然要排除那些不愿意透露工作和住所的。

另外还有一种情况：有时候要避免对某一个朋友过分颂扬。一般来说，比较谦逊的人，在熟朋友面前都是不喜欢自夸的，更何况是新朋友。如果你不分情况，替他人大事吹嘘。即使他本人确实如此，也会使他不好意思。同时这样会使他人对你产生"吹牛拍马"的感觉，这样容易使人产生反感,造成尴尬的局面。尤其要注意的是介绍异性朋友的时候,这种做法常会引起不好的误会,因此应该避免。

作为中间人,你一定要懂得介绍的艺术。一个称职的介绍人能将聚会推向高潮,因为大家在你的介绍下熟识起来,也就不会太拘谨;但是如果你介绍不到位,或者在介绍的过程中犯了一些本可以避免的小错,就会影响他人的心情,还会让自己陷入尴尬的境地,使他人对你产生不好的印象。所以,作为介绍人一定要非常注意措辞,争取给他人留下好印象。

5. 诙谐但不失风度

萨克雷说:"可以说,诙谐幽默是人们在社交场上所穿的最漂亮的服饰。"酒桌上可以显示出一个人的才华、学识、修养和交际风度,有时一句诙谐幽默的语言,会给客人留下很深的印象,使人们无形中对你产生好感。所以,应该知道什么时候该说什么话,语言得当,诙谐幽默很是关键。

诙谐时常能传递给我们一种生活的态度和人生的智慧。诙谐是思想、学识、智慧和灵感的结晶,是一瞬间闪现的光彩夺目的火花。人与人的结交,从语言的角度看,最重要的大概应是与诙谐相伴的轻松了。唯其诙谐,也就拉近了交际双方的距离;唯其轻松,也就使心与心靠得更近。

保罗·纽曼是美国著名的影星,他那精湛的演技与叛逆的形象,使他成为好莱坞最受瞩目的男演员。1982年,保罗·纽曼为了祝贺纽约布鲁克林大学新设电影系,特地访问该校,主持了新片《恶意的缺席》

的试映会，并参加学生的座谈。

有一位学生愤愤不平地说："我从收音机听到这部电影的广告——最后一场是拼得你死我活的枪战场面，可是实际上，片尾非常平静和平，像这种虚伪的广告宣传实在要不得。"

这位学生说得义愤填膺，现场的气氛顿时变得十分紧张。保罗·纽曼回答说："我完全不知道广播电台的广告内容。"他顿了一下，接着说，"不过，下一次的片尾一定会出现激烈的射杀场面。镜头上出现的是：我用枪打死了那位收音机播音员。"

他诙谐的回答引起哄堂大笑，也化解了紧张的气氛，赢得了更多影迷的爱戴。

诙谐有着无穷的力量，它可以使老人变得年轻，使年轻人显得机智；可以吸引众人的注意力，可以在微微一笑间缩短彼此的距离。诙谐是具有智慧、教养和道德上优越感的表现。我们在遭遇尴尬和紧张的情境下，诙谐能将所有不愉快的分子驱散，让气氛变得轻松。诙谐的语言还能够化解矛盾，缓解冲突。

春节期间的列车上，特别拥挤。江晓天中途上车，看见三个年轻的小伙子对面有一个空座，就走了过去。并问旁边坐着的人："师傅，这儿没人吧？"其中一个小伙子说："没有。"江晓天于是放下了东西，准备就座。

就在这时，对面的一个男青年突然把腿放到了江晓天的座位上。江晓天当时一愣，问："你这是做什么？"

那个男青年戏谑地说："因为你不会说话。"

"我怎么不会说话啦？"江晓天不解。

对方眯起眼睛，装腔作势地说："让大哥我来告诉你吧。你应该这样说：'大哥，这有人吗？小妹我坐这可以吗？'"说完，还肆无忌惮地狂笑起来。"看来你是井里的青蛙，没见过多大的天地。"

看他和他的同伴们得意忘形的样子，江晓天说："听你这一说，我确实不如你们见过世面。不过，你们既然见过世面，又有自己独特的礼貌方式，见了我，就应按照你们的礼貌方式办事才对。"

那个男青年很得意："那就对了嘛，你说怎么办吧？"

"我是说你们，既然这么有礼貌，看见我来了，就应该起身肃立，躬身致礼，说：'大姐，这儿没人，小弟请你赏脸，坐这可以吗？'哎，可惜呵可惜，你连自己的'礼貌'信条都做不到，还想教训别人，真是土里的死蚯蚓，一点蓝天都没见过。"

江晓天的话，逗笑了周围的乘客，其中也包括另外两个青年。只见那位挑衅者的脸一白一红，尴尬极了。

想要在公共场合给人留下一个好印象，诙谐是必不可少的调味剂。与人交谈的时候，运用诙谐的语言会让人觉得心情舒畅，深深被你吸引。诙谐的语言可以让从未谋面的陌生人一见如故，还可以让参加聚会的人如沐春风，愿意与你交谈。诙谐永远是救场的良药，练就一套诙谐的本领，无论走到哪，都能让人很快发现你的存在。

诙谐也是一门艺术，要掌握好这门艺术必须多加修炼，人生处处需要诙谐，但是你要保证在诙谐的同时不失风度，如果太不着边际，甚至信口开河，只会适得其反，不但达不到想要的效果，还会让他人觉得你没有水准。所以，一定要牢牢掌握诙谐的"度数"。

6. 祝酒词为你的应酬锦上添花

应酬喝酒在所难免，除了要营造和谐的氛围，祝酒词也是酒桌上的一大亮点。好的祝酒词不但能让来客尽欢，气氛火热，更能展现你的才华。下面就介绍一些祝酒词，让你不再为如何提升大家的兴致搜肠刮肚。

父母生日祝酒词

尊敬的各位领导、各位长辈、各位亲朋好友：

大家好！在这喜庆的日子里，我们高兴地迎来了敬爱的父亲（母亲）××岁的生日。今天，我们欢聚一堂，举行父亲（母亲）××华诞庆典。这里，我代表我们兄弟姐妹和我们的子女们，对所有光临寒舍参加我们父亲（母亲）寿礼的各位领导、长辈和亲朋好友们，表示热烈的欢迎和衷心的感谢！

我们的父亲（母亲）几十年含辛茹苦、勤俭持家，把我们一个个拉扯长大成人。常年的辛勤劳作，在他们的脸上留下了岁月的痕迹，头上镶嵌了春秋打造的霜花。所以，在今天这个喜庆的日子里，我们首先要说的就是，衷心感谢二老的养育之恩！

我们相信，在我们兄弟姐妹的共同努力下，我们的家业一定会蒸蒸日上，兴盛繁荣！我们的父母一定会健康长寿，老有所养，老有所乐！最后，再次感谢各位领导、长辈、亲朋好友的光临！再次祝愿父亲（母亲）晚年幸福，身体健康，长寿无疆！干杯！

爱人生日祝酒词

各位朋友：

晚上好！感谢大家今晚来参加我太太的生日聚会！大家提议让我讲几句，你们从我一脸的灿烂足可以看出我内心的幸福。那请大家容许我对我亲爱的太太说上几句。

老婆，你"抱怨"我不懂浪漫，其实看得出来你满心欢喜；你说只要我有这份心，你就很开心。我们曾是那样充满朝气，带着爱情和信任走入婚姻，我要感谢你，给了我现在拥有的一切——世上唯一的爱和我所依恋的温馨小家！很多人说，再热烈如火的爱情，经过几年之后也会慢慢消逝，我们却像傻瓜一样执着地坚守着彼此的爱情，我们当初钩手指许下的约定，现在都在一一实现和体验。

今生注定我是你的唯一，你是我的至爱，因为我们是知心爱人，让我们携手一起漫步人生路，一起慢慢变老！爱你此生永无悔！最后，祝愿各位爱情甜蜜，事业如意，干杯！

恩师寿宴祝酒词

各位领导、老同学们：

值此尊敬的老师××华诞之时，我们欢聚一堂，庆贺恩师健康长寿，畅谈离情别绪，互勉事业腾飞，这一美好的时光，将永远留在我们的记忆里。现在，我提议，首先向老师敬上三杯酒。第一杯酒，祝贺老师华诞喜庆；第二杯酒，感谢老师恩深情重；第三杯酒，祝愿老师百岁高龄！

老师在人生的旅程上，风风雨雨，历经沧桑，他的生命，不仅限于血气方刚时喷焰闪光，而且在壮志暮年中流光溢彩。老师的一生，视名利淡如水，看事业重如山。回想恩师当年惠泽播春雨，喜看桃李今朝九州竞争妍。最后，衷心地祝愿恩师福如东海，寿比南山！干杯！

朋友生日祝酒词

各位来宾、各位亲爱的朋友：

晚上好！烛光辉映着我们的笑脸，歌声荡漾着我们的心潮。跟着金色的阳光，伴着优美的旋律，我们迎来了××的生日，在这里我谨代表各位好友祝××生日快乐，幸福永远！

在这个世界上，人不可以没有父母，同样也不可以没有朋友。朋友是我们站在窗前欣赏冬日飘零的雪花时手中捧着的一盏热茶，朋友是我们走在夏日大雨滂沱中时手里撑着的一把雨伞，朋友是春日来临时吹开我们心中冬的郁闷的那一丝春风，朋友是收获季节里我们陶醉在秋日私语中的那杯美酒……来吧，朋友们！让我们端起芬芳醉人的美酒，为××祝福！干杯！

领导生日祝酒词

各位朋友、各位来宾：

你们好！今天是××先生（女士）的生日庆典，受邀参加这一盛会并讲话，我深感荣幸。在此，请允许我代表我们公司的全体员工向××先生（女士）致以最衷心的祝福！××先生（女士）是我们公司的重要领导核心之一。他（她）对本公司的无私奉献我们已有目共睹，他（她）那份"有了小家不忘大家"的真诚与热情，更是多次打动过我们的心弦。他（她）对事业的执着令同龄人为之感叹，他（她）的事业有成更令同龄人为之骄傲。

在此，我们祝愿他（她）青春常在，永远年轻！更希望看到他（她）在步入金秋之后，仍将傲霜斗雪，流香溢彩！人海茫茫，我们只是沧海一粟，由陌路而朋友，由相遇而相知，谁说这不是缘分？路漫漫，岁悠悠，世上不可能还有什么比这更珍贵。我真诚地希望我们能永远守住这份珍贵。在此，请大家举杯，让我们共同为××先生（女士）的××华诞而干杯！

同学聚会祝酒词

各位同学：

时光飞逝，岁月如梭。毕业18年，在此相聚，圆了我们每一个人的同学梦。感谢发起这次聚会的同学！回溯过去，同窗四载，情同手足，一幕一幕，就像昨天一样清晰。今天，让我们打开珍藏18年的记忆，尽情地诉说18年的离情，畅谈当年的友情，也不妨坦白那曾经躁动在花季少男少女心中朦朦胧胧的爱情，让我们尽情地唱吧、跳吧，让时间倒流18年，让我们再回到大学时代，让我们每一个人都年轻18岁。

窗外漫天飞雪，屋里暖流融融。愿我们的同学之情永远像今天大厅里的气氛一样，炽热、真诚；愿我们的同学之情永远像今天窗外的白雪一样，洁白、晶莹。现在，让我们共同举杯，为了大学时代的情谊，为了18年的思念，为了今天的相聚，干杯！

吃饭喝酒也蕴藏着很深的文化，太多华丽的祝酒词需要我们认真地学习，有时候就是这么朴实无华的几句话，就能为我们的聚会增光添彩。如果你必不可少地要参加一些这样的聚会，那么记住一些祝酒词就非常有必要了。

7. 不伤和气的"推"酒功夫

在与人交往或办事的过程中，难免逢酒场，如果你不会喝酒或是不能喝酒，当然不能直接拒绝。那么，如何把酒"推"出去，又不使敬酒者难堪，则是需要练就的功夫了。

杨名乔迁之日，特邀亲朋庆贺，王城也在其中，然而王城平素很少饮酒，且酒量"不堪一击"。酒宴上，杨名提议和王城单独"意思"一下，王城深知自己酒量的深浅，忙起身，一个劲地扮笑脸，一个劲地说圆场话："酒不在多，喝好就行。""经常见面，不必客气。""你看我喝得满面红光，全托你的福，实在是……"结果使杨名无可奈何，只能放过王城。

饮酒当然应是喝好而不喝倒，让客人乘兴而来，尽兴而归。那种不顾实际的劝酒风，说到底，也不过是以把人喝倒为目的，这充其量只能说是一种低级趣味的劝酒术，乃劝酒之忌。作为被动者，当喝到平时酒量一半有余时，应向东道主或劝酒者说明情况。比如："感谢你对我的一片盛情，我原本只有三两的量，今天因喝得格外称心，多贪了几杯，再喝就'不对劲'了，还望你能体谅。"如此开脱以后，就再也不要喝了。这种实实在在地说明后果和隐患的拒酒术，只要劝酒者明白"乐极生悲"的道理，善解人意者，就会见好就收。

酒桌上的难处我们不难理解，应酬是必然的，确实有的饭局又不能不去，如何应对就要看你的本事了，在实践中成长，抓紧时间学会推酒的本事，掌握应酬的技巧。因为只有学会一些有效的方法，才可以不伤和气地达到拒酒的目的。下面就教你一些最管用的推酒词。

"只要感情有，喝什么都是酒。"

如果你确实不能沾酒，就不妨说服对方，以饮料或茶水代酒。你问他："我们俩有没有感情？"他会答："有！"你顺势说："只要感情有，喝什么都是酒。感情是什么？感情就是理解。理解万岁！"然后，你以茶代酒，表示一下。

"为了不伤感情，我喝；为了不伤身体，我喝一点。"

他劝你："喝！感情铁，喝出血！宁伤身体，不伤感情；宁把肠胃喝个洞，也不让感情裂个缝！"这是不理性的表现，你可以这样回答："我们要理性消费、理性喝酒。'留一半清醒，留一半醉，至少梦里有你追随。'我是身体和感情都不想伤害的人，没有身体，就不能体现感情，就是行尸走肉！为了不伤感情，我喝；为了不伤身体，我喝一点。"

"感情浅，哪怕喝大碗；感情深，哪怕舔一舔。"

酒桌上，哪怕是千言万语，无非归结于一个字"喝"。比如："你不喝这杯酒，一定嫌我长得丑。""感情深，一口吞；感情浅，舔一舔。"劝酒者把喝酒的多少与人的美丑和感情的深浅扯在一起。你可以驳倒它们的联系："如果感情的深浅与喝酒的多少成正比，我们这么深的感情，一杯酒不足以体现。我们应该一同跳进酒缸里，因为我们多年的交情，情深似海。其实，感情浅，哪怕喝大碗；感情深，哪怕舔一舔。"

"只要感情好，能喝多少喝多少。"

你可以展开说："九千九百九十九朵玫瑰也难成全一个爱情。只有感情不够，才用玫瑰来凑。因此，只要感情好，能喝多少喝多少。我不希望我们的感情掺合那么多'水分'。我虽然只喝了一点，但是这一点是一滴浓浓的情。点点滴滴都是情嘛！"

"在这开心的一刻，让我们来做选择题吧！"

我们的思路打开一些，拒酒的办法就来了。他要借酒表达对你的情和意，你便说："开心一刻是可以做选择题的。A 拥抱 B 拉手 C 喝酒，任选一项。我敬你，就让你选；你敬我，就应该让我选。现在，我选择 A 拥抱，好吗？"

"只要感情到了位，不喝也会陶醉。"

你试试这样说："跟你不喜欢的人在一起喝酒，是一种苦痛；跟你喜欢的人在一起喝酒，是一种感动。我们走到一块，说明我们感情到位了。只要感情到位了，不喝也会陶醉。"

酒桌这个交际场所，是挺考验人的。你不能喝酒，最好学会拒酒。若是不懂拒绝，难免造成尴尬，让劝酒者扫兴，或者让人觉得你没有诚意，对你心存意见。

巧妙地推酒，不仅要有巧妙托词，还要有坚持到底的精神，任凭别人天花乱坠地劝，你一定要笑眯眯地频频举杯而不饮，而且振振有词。这样时间长了，大家就知道你是真的不能喝，下次也许就不会劝了。千万不能中途招架不住而投降，这样一来，别人就会认为你不是不能喝，而是没劝到家，劝的力度加大，你就更难招架了。

8. 应酬吃饭要善于营造和谐的气氛

自古以来，中国人就喜欢请客吃饭。增进主客感情除了要有一桌好酒好菜，更重要的是要有和谐融洽的气氛。尤其当你作为东道主，就更有责任为饭局营造出一片愉快祥和的气氛，达到宾主尽欢的目的。

首先，既然请客，就不能太小气。有些人表面上看起来很大方，出手阔绰，实际上却斤斤计较。嘴里面说着让客人随便点，暗地里却一直在看价钱。

曾俊奇高高兴兴邀了一帮朋友到饭店吃饭。当服务员把菜单送上来后，曾俊奇看了一眼菜单，就转头对服务员说："你们这的菜怎么比其他酒店都贵啊？放了什么特别的材料吗？"

服务员微笑着跟他解释了一番，曾俊奇接着说："行吧，先吃吃看，如果不是像你说的那样好，我可是不会付钱的！"曾俊奇让客人点菜。客人的表情有点尴尬，只随便点了几个便宜的菜。

点完菜后，服务员问："几位要喝点什么吗？"曾俊奇看了一下酒水价格表，犹豫不决，还没等他说话，客人就看出了他的心思，意味深长地说："算了算了，不喝了，这酒也太贵了！"

曾俊奇一听这话，立马高兴地说道："其实和其他酒店比起来也差不多，但是喝酒太伤身，不喝也好。"席间气氛非常沉闷，客人匆匆吃了一点菜，就告辞离开了。

其次，一定要照顾到请客对象家人的感受。如果你决定要请客，可以顺便邀请对方的家人出席，去不去倒在其次，但是这样更能显示出你请客的诚意。

万全胜要请商学院的刘院长吃饭,便事先到家里去接刘院长。当时刘院长的父亲带着四岁的孙女在家里玩耍。到了刘院长家里就出发了,万全胜看见刘大爷抱着孙女将他们送出了门,就礼貌地笑笑说:"刘大爷您留步,不用送了!"

刘大爷愣了一下,连忙笑着说:"好好好!"说完阴沉着脸,抱着孙女重新回到了屋里。万全胜开车走到半路上,感觉到刘院长好像有心事,也不怎么说话。吃饭的时候,万全胜讲着各种好笑的事情,想让刘院长开心起来,刘院长都只是敷衍一下,似乎没什么兴致。一顿饭就这么不欢而散了。

万全胜始终想不明白,自己这么热情周到,为什么刘院长总是闷闷不乐呢?后来,他终于想明白了,原来那一天,刘院长的妻子不在家,没人做饭。当时刘大爷抱着孙女一起出门,是想一起吃个便饭的,哪知道自己说了一句:"您留步吧,不用送了!"就把人家拒绝了。万全胜想到这里,不禁后悔连连:"如果这一切可以重来的话,我一定会从刘大爷的手中接过孩子,问她一声'喜欢吃什么,叔叔给你买!'然后带着他们一家一起去吃饭,那样,不是更好吗?"

再次,主人一定要注意说话的分寸。请客吃饭一定要注意自己说话的方式,不能像平时一样不分场合地说一些破坏气氛的话。

胡耀权请王兴邦到家里吃饭,胡耀权的妻子精心地准备着,并且笑容满面地接待客人。不一会儿,菜就一盘盘上桌了,胡耀权尝了一下,便皱起了眉头,骂老婆说:"这个死老婆子,兴邦好不容易来我们家吃一顿饭,这菜像是从海里捞出来的,让人怎么吃啊?做了这么多年饭,手艺一点都没长进!"

胡耀权老婆听了他的话,十分生气。最后竟开始向客人诉苦。胡耀权一看，也不示弱，对王兴邦说道："你看，我这辈子就毁在这个女人的手上了！"这句话更是火上浇油，胡耀权老婆跳了起来，张牙舞爪地要和丈夫拼命。王兴邦本来是高高兴兴来吃饭的，离开的时候却满心愧疚，认为是自己造成了胡耀权家庭的不和。

最后，一定要满足客人酒席上的需求。请客人吃饭，一定不要限制客人，他想吃什么就点什么，想喝什么就要什么，如果你加以阻止，只会引起客人的不快。

因为魏晓生的同事严岳教会了他简单的 PS 处理技术，他决定请严岳吃饭。周末，魏晓生买了不少好菜，严岳还请了几个同事，一起到魏晓生家里吃饭。严岳来得很早，坐在餐桌前，闻着饭菜的香味，有点控制不住了。这时又陆续来了两个朋友，严岳看人来得差不多了，提起筷子，夹了一口菜放进口中，称赞说："味道真不错啊！"

魏晓生笑着说："人都还没来齐呢，给他们留一点嘛！"话一说出口，立刻觉得不妥，可惜已经收不回来了。严岳虽然在笑，可是却满脸尴尬。

请客吃饭就是要来者尽兴，让客人吃饱、喝好、心情好才是我们请客的真正目的。所以，无论如何你都要花费心思营造融洽和谐的氛围，只有这样才能谈成生意，交到朋友，增进感情。

9. 场面上不可与上司称兄道弟

如果你的上司非常器重你，经常带你出席各种社交场合，你千万不要得寸进尺。如果你当着其他人的面与上司称兄道弟，以显示你与上司的特殊关系，那么这种行为是危险的。上司再民主也需要一定的威严。

当众与上司称兄道弟只能降低上司的威信。于是其他同事也开始拿上司的命令不当一回事。当上司发现他的工作越来越难做，而最终他发现是你破坏了他必要的威严时，那么，等待你的最低限度也是疏远，或者你只有离开。所以，你一定要记住，无论私底下你和上司的关系有多么好，在场面上也不可和上司称兄道弟。

丁子高刚到大名公司一个月，由于表现出色，老板非常赏识他。一天，老板把丁子高叫到办公室，亲切地对他说："我把你当作兄弟看待。如果有人做什么对公司不利的事情，一定要告诉我，我准许你可以不通过经理，直接向我报告。"

丁子高听了心里非常开心："老板看来还是非常器重我嘛，掏心窝子的话居然都跟我说！"心里不由地得意起来。

又一次，老板带丁子高去见一个大客户，老板让他敬酒，不知道怎么回事，丁子高非常激动。过后，丁子高想敬老板一杯，就用力把老板拉了过来，当着客户的面说："来，咱们兄弟喝一杯！"老板面无表情地喝了那杯酒，没说什么。

后来的几次聚会，丁子高依然和老板称兄道弟，勾肩搭背的，也不注意场合。最后，因为一件很小的事情，丁子高被老板炒了鱿鱼。

领导就是领导，生活中无论你多么不在意，但是在职场上一个小小的称呼也能改变你的命运。每个人都想得到尊重，甚至说每个人都有一定的虚荣心，你和上司称兄道弟似乎在向所有人展示你们的关系，给人一种平起平坐的感觉。作为领导，肯定是不容许发生这样的事情的。也许会有一些领导说没关系，但是你对他的不敬他肯定深深记在心上，所以，在公众场合，下属就该有下属的样子，切不可因为自己对"领导兄弟"的盲目信任，断送了自己的大好前程。

大兵、陈林与刘宇原是一个部门的同事，三人关系非常好，常以兄弟相称。后来刘宇被提拔做了主任，成了他们两人的顶头上司。为庆祝刘宇高升，全部门的人第一次吃饭。轮到大兵给刘宇敬酒，他还像以前那样喊刘宇"刘哥"，刘宇说了句"好兄弟"，然后和大兵碰了杯，一仰脖子，干了。大兵心头一热：主任还是我熟悉的那个刘哥。

后来陈林对大兵说："咱们应该喊刘哥'主任'，现在毕竟和以前不一样了。"陈林说得煞有介事，但大兵并未放在心上。大兵还是坚持叫刘宇"刘哥"，而陈林却客气地一口一个"主任"。不久后，刘宇因为工作出色，被提拔为单位副经理，留下一个部门主任的位置。同事们都觉得这个位置应该非大兵莫属，大兵自己也信心满满。可他还没来得及高兴，任命书就下来了，主任的头衔竟然落在了陈林身上。

这个决定出乎所有人的意料。大兵很不服气，找到总经理质问，总经理告诉他："这次任命是刘宇的建议。刘宇夸你有能力，可他说你不怎么尊重领导。"

居然是因为一个称呼！大兵的心里一下子无比屈辱和苦楚。几天后，大兵办完辞职手续到经理室向刘宇告别，刘宇一遍一遍地对大兵表示着他的惋惜。这让大兵想起刘宇升迁后,他们三人的那次"秘密会晤"。那天,刘宇也说了很多,说三人仍是好兄弟,不用分什么主任。当时,大兵对这句话深信不疑,并颇为感动。

"经理,我走了。"大兵说。"叫我刘哥。"刘宇红着眼睛说。"好的,经理。"大兵跨出了办公室的门。

无论你们的关系是多么稳固,一旦对方变成了你的上司,在地位上看来他就比你高出不少,不管你是否承认,你都得坦然接受这个事实。上司需要朋友,更想要得到他人的尊重。生活上,你可以毫无顾忌地和上司保持兄弟情谊,但是在公共场合,一定要让他显示出领导的身份。你在场面上给足了他应有的面子,他自然就会对你更加看重。

10. 生活应酬离不开打圆场

生活应酬中难免遇到尴尬的场面,这时就需要我们及时出面打圆场。这是十分宝贵和重要的,也是非常值得重视的。在打圆场的时候,我们要审时度势,准确把握交际双方的心理,然后运用说话技巧,借助恰到好处的话语化解尴尬,维护交际活动的正常进行。那么,我们在应酬交际中,怎样才能不失时机地打好圆场呢?

1. 审时度势,让各方都满意

当交际双方因彼此不满意对方的看法而争执不休时,很难说谁对谁错,作为调解者应该理解争执双方此时的心理和情绪,不要厚此薄彼,以免加深双方的分歧,并对双方的优势和价值都予以肯定,在一定程度上来满足他们的自我实现心理,在这个基础上,再拿出双方都能接受的建设性意见，这样就容易为双方所接受。

2. 转移话题，制造轻松气氛

当尴尬或僵局出现时，有些人由于情绪上的冲动，往往会在一些问题上互不相让。在打圆场时，不妨通过转移话题，用一些轻松、愉快的话题来活跃气氛，转移双方的注意力，或者通过幽默的话语将严肃的话题淡化，使原来僵持的场面重新活跃起来，从而缓和尴尬的局面。

3. 幽默提醒

一位特别挑剔的女人在饭店点了一份煎鸡蛋。她对女侍者说："蛋白要全熟，但蛋黄要全生，必须还能流动。不要用太多的油去煎，盐要少放，加点胡椒。还有，一定要是一个乡下快活的母鸡生的新鲜蛋。"

"请问一下，"女侍者温柔地说，"那母鸡的名字叫阿珍，可合你心意？"

4. 公平公正

假如争论的问题有较大的意义而双方又都有所偏颇，眼看观点越来越接近，但由于自尊心作怪，双方又都不肯服输，那么第三者应考虑双方的面子，将双方见解的精华归纳出来，同时将双方的糟粕整理出来，做出公正评论，阐述较为全面的双方都能接受的意见。这样，就把争论引导到理论的探讨、观点的统一上来了。但不能各打五十大板。因为，所谓各打五十大板是不分青红皂白、是非曲直的，那样乱批一气不利于解决问题。

5. 联络感情

假如你的朋友突然遇到过去关系很坏的人而你又在场；假如你想让两个过去抱有成见的人消除前嫌；作为第三者，你应首先联络双方的感情，努力寻找双方心理上的共同点或共同感兴趣的问题。一段音乐、一本书、一部电影、一个故事、一则小幽默、一句谚语、一段相同或相似的经历，乃至一支烟、一杯酒都可能成为双方感兴趣的话题，都可以成为融洽气氛、打破僵局的契机。

6. 警告

陈经理在一次业务谈判中受到了对方公司职员的顶撞。他气冲冲地给对方公司的经理打电话说："如果你们不向我保证，撤销上次那个蛮横无礼的工作人员的职务，那么，显然是没有和我公司达成协议的诚意。"对方公司的经理听了微微一笑说："陈经理，对于工作人员的态度问题，是批评教育还是撤职处理，完全是我们公司的内部事务，无须向贵公司做什么保证。这就同我们并不要求你们的董事会一定要撤换与我公司工作人员有过冲突的经理的职务，才算是你们具有与我们达成协议的诚意一样。"陈经理顿时哑口无言。

7. 请走争端的一半

有的争论发展下去就成了争吵，甚至大动干戈，如果双方火气正旺，大有剑拔弩张、一触即发之势，第三者即可当机立断，借口有什么急事，把其中一人调走支开，让他们暂时脱离接触，等他们消了火气，双方冷静下来了，争端也就趋于平静了。

8. 侧面点拨

秦琴和娜娜是非常要好的朋友，有一次，她们的同事欣怡对秦琴说："我觉得娜娜这人太不厚道了，有时甚至到了无情的地步，你说是不是？"秦琴听了欣怡的话顿生反感，心想：她居然在背后说我朋友的坏话。但是她又不好当场发作，于是一本正经地说道："欣怡，我先问你，我在背后和你议论我的好朋友，她要是知道了会怎样？"欣怡一听这话，顿时觉得不好意思，一声不吭地走了。

要想成功地打圆场，可以针对实际情况，灵活对待，或用幽默的话语转移话题，制造轻松气氛；或指出各方观点的合理性，强调尴尬事件有其合理性；也可以故意歪曲对方话里的意思，而做出双方都能接受的解释；还可以肯定双方看法的合理性，找到双方都能接受的解决方法。打圆场如果运用得好，可以融洽气氛、消除误会、平息争端、缓和矛盾、联络感情，还有利于打破僵局，解决问题。

第三章

满足对方心理，求人办事的话要会说

求人办事是我们每个人都会面对的事情，能否成功地请求别人帮助自己，关键在于能否把话说好。把话说好就是要能够让对方打心眼里愿意帮助自己，要做到这一点最重要的是要让自己的话满足对方的心理。所以在请求别人帮助的时候，一定要先掌握对方的心理需求。只有这样，我们的话才能使对方听起来如沐春风。

1. "请"人才能办成事

你有事相求,即便是关系再铁的朋友也不能说:"喂,这件事,你帮我搞定。"毫不客气的语气会让对方觉得不爽,对方难免会心里嘀咕"说话这么冲,到底是谁求谁办事呢。"求人就要有个求人的样子,不管对方是谁。至少要有礼貌,态度诚恳,这样对方才愿意帮助你。

某单位接到上级分配的植树任务,单位几十名同志都主动承担了一些任务,唯有几位出了名的难管教的"刺头",任凭主任怎么动员都不愿认领任务,搞得主任十分难堪。

主任把这几个"刺头"员工叫到办公室,轻声地说:"我只讲最后一遍,我现在很为难,请你们帮个忙。"奇怪,刚才态度很强硬的几个"刺头"听了这句语重心长的话,纷纷表示:"主任,我们不会让你为难了!"说完立即回去认领自己的那份任务。

"请"字当头,因为毕竟是你有求于人,比如你不知道如何去市人民医院,询问路人时应该说:"请问到市人民医院怎么走?"如果请求别人为你解答疑难问题时,应该说:"我想向你请教一个问题,你现在有时间吗?"在商店买东西,你应对服务小姐说:"请把那个文具盒给我看一看。"坐公交车的时候有冷风从窗口吹进来,你应该对坐在窗口的人说:"请帮忙把窗户关上,好吗?"只要你是有求于人,就必须运用请求语，让别人打从心底愿意帮助你。

请求别人时，一定要注意礼貌，所谓礼貌是指应该尽量选用被请求者乐意接受的称呼，比如在问路、请求别人让座时，这一点尤为重要。向别人问路时，称老人为老头，或者直接说"喂"，那你肯定一无所获。

有个青年人骑马赶路，眼看天近黄昏，前不着村，后不着店，心里很是着急。正好，有个老汉路过，青年人扬声喊道："老头儿，这儿离客店还有多远啊？"老汉回答："五里。"青年人跑了十几里路都没有见到客店的影子，他在暗暗骂着那老汉时，却突然省悟：哪是"五里"呀，分明是"无礼"！老汉在责怪他不讲礼貌！于是马上掉头往回赶，见着那老汉就翻身下马，叫了声"大爷"，没等他说完，老汉就说："客店早已过了，你要不嫌弃的话，就到我家住一宿吧。"

请求别人，还应把握适当的时机，当对方心情舒畅、时间宽裕时，请求他做点事得到答应的可能性很大；当对方不能答应你的请求时，你不要抱怨、愤怒甚至是恶语相加，你还得还礼道谢："谢谢你！""没事，你忙你的去吧。""没关系，我再找找别人。"这样对方在有条件帮忙时肯定会鼎力相助；如果你不能体谅对方，竟对对方施以抱怨，这等于堵死了再次向对方提出请求的通路。

请求别人，还要端正态度，注意语气。请求别人虽无须低声下气，但也绝不能高人一等，非得让别人答应不可，而应当语气诚恳，平等对待。要用协商的语气，如"劳驾，让我过一下，行吗？""对不起，请别抽烟，好吗？""什么时候有空请跟我打打球，怎么样？"不强加于人是指不用命令、支使的语气，而多用委婉、征询的口气，例如，尽可能地使用"麻烦……""劳驾……""可以……吗"这类句式，即使是很熟的人，这一招也是非常好用的。

小红在上班的路上碰到一名女士向她问路。

女士："哎，我们是从香港过来的，刚来这边不认识路，你知道电子厂在哪吗？"

小红："不好意思，我不清楚，我刚来这边没多久。"

女士："我的电话坏了，你帮我拨下我朋友的电话，就说是兰兰找他，让他来接我。"

打过电话之后，那位朋友不在，到外地出差了。

女士："你等一下吧，我朋友他不在广东，他马上派个朋友来接我们，他稍后大概2分钟会打你的这个号码……"

小红"那好吧。"

女士："你们这里有没有稍大的超市，或者一些大的建筑，如果你迟到的话，我愿意付你一个月工资，包括刚刚用你的电话费用。"

小红："请端正你的态度后再请求别人帮助吧，我有事要先走了！"

寻求他人帮助时，如果不注意言行举止和态度，往往会引起他人的反感；如果你摆出请求者应有的姿态，相信你一定会得到他人的帮助，有时还会事半功倍。

2. 找准所求人心理的薄弱点，"恭"其所需

求人办事不但嘴上功夫要到家，更重要的是要掌握对方心理的薄弱点，"恭"其所需。不仅要让对方从我们的话中领会到肯定、理解、欣赏和羡慕，还要说得恰当，否则就如隔靴搔痒，即使找到了对方的痒处，也起不到什么作用。

比如，你是做化妆品生意的，刚好顾客的小女儿跟在妈妈后面，一定要找准时机将她的女儿夸赞一番，她不漂亮你可以夸她可爱，如果你觉得她不可爱，就夸她机灵；如果你请求的人是一个影迷，即使你不喜欢，也要和他聊一聊电影，还可以请他到电影院看一场他喜欢的电影。要想达到求人办事的目的，就要恰当地赞美别人。找准对方的薄弱点，了解他现在的心理需要，你让他的内心得到了满足，他也一定会满足你的要求。

求人办事，就得把握好对方的脾气爱好和欲望所需，揣其所思，投其所好，让对方感到自然愉悦，对方才肯为你的事儿付出代价，这时，你就达到目的了。

张晓丽是一名保险推销员。她今天的目标客户是一家文化公司的总经理。一大早，她就来到了写字楼前。进去之后，发现公司经理正在忙着工作。在做了自我介绍之后，张晓丽立马说道："哇，好气派啊！我从来没有见过这样精致漂亮的办公室。如果我有一间这样的办公室，我这一生的心愿就都满足了。"总经理微笑着看着她，就这样开始了他们的谈话。谈话过程中，张晓丽多次透露出对办公室的赞美和羡慕，让总经理的虚荣心得到了极大的满足，并且

炫耀着带着张晓丽参观了整间办公室。结果就是在这种轻松的谈话间隙，张晓丽成功签得了保单。

想要达到自己想要的目的，我们不一定需要拍马屁的好本事，但是一定要肯花时间去赞美对方，他想听什么你就说什么，千万不要吝啬自己的语言。只有"恭"其所需，让对方得到充分的自我满足，你成功的概率也就加大了。

3. "捧"着别人为你办事

一说到"捧"字，相信大多数人都会露出鄙夷的表情，因为大凡捧人者总会被视为阿谀奉承，一副谄媚相。尤其是心高气盛的年轻人，对"捧"心存看法。一是自视甚高；二是怕别人胜过自己，弄得相形见绌；三是认为有损人格，不屑于捧人。不过，正常交际中的"捧"，并不是瞎吹一气，而是根据对方实际，把对方的长处展现出来。会捧人是一种智慧，愿捧人是一分度量。求人办事时，为了拉近彼此间的心理距离，增进彼此感情，更为了能办成事，我们不妨"捧"他几下。

日本有一家关西药房，这家药房的老板特别善于给人面子，说话总是那么动听，因而生意兴隆。每当顾客一上门，他就马上起身相迎，满脸带着笑容地打恭作揖说"欢迎光临"，使进店的顾客感到心情愉悦，产生被人重视的满足感。接下来，药房老板开始发自内心地称赞顾客，例如对于年纪大的人，就说"你看起来真年轻！"对于爱美喜欢打扮的小姐太太，说些"你身上穿的这套衣服很漂亮"等等，令人听了舒坦又温馨。

捧人是一种学问，更是一门艺术。捧什么人，在什么场合捧，怎么捧，捧什么都有很大讲究。不过虽然情形千差万别也确有共同性可循，那就是捧人为了认可人，给足人面子，以便更好地开展合作。

赞美不是拍马屁，不是夸大，而应该以客观事实为根据，恰到好处。学生能从老师的赞美中得到荣誉感从而更加要求进步，孩子从家长的赞美中能够得到关爱从而更加自信地成长，下属能从领导的赞美中得到激情从而工作更加卖力，客户能从公司的赞美中得到关怀从而更加忠诚于你。

每个人都喜欢受到他人的赞美，这是大多数人的共同心理。也许有的人生性比较内敛，对赞美人的话总是羞于启齿。"捧"人的话不需要常常说，但是有些时候赞美又是不可或缺的，不要觉得难为情，在对他人有需求的情况下，适时地"捧"他一把，会更快更好地达成你的愿望。

4. 低姿态易成事

与人交往，保持一定程度的低姿态，有时更容易获得别人的尊敬、认同和支持。当你遇到一个很低的门时，你昂首挺胸地过去，肯定要撞得头破血流，明智的做法就是弯一下腰、低一下头，让很低的门显得比你高就可以了。比如你需要找工作、需要调动、需要开拓更广泛的人际关系，在这所有的活动之中，你可能都处于一种求人的地位，处于一种必须表现低姿态的情境之中。在这种情况下，你必须首先学会说"小话"。

有一位博士在找工作时,被许多家公司拒之门外,万般无奈之下,博士决定换一种方法试试。他收起所有的学位证明,以一种最低的身份再去求职。不久,他被一家电脑公司录用,成为一名最基层的程序录入员。

没过多久,上司就发现他才华出众,竟然能指出程序中的错误,这绝非一般录入员所能比的,这时,博士亮出了自己的学士证书,老板于是给他调换了一个与本科毕业生对口的工作。过了一段时间,老板发现他在新的岗位上也游刃有余,能提出不少有价值的建议,比一般大学生要高明,这时博士亮出自己的硕士身份,老板又提升了他。

有了前两次的事情,老板也比较注意观察他,发现他还是比硕士有水平,就再次找他谈话。这时博士拿出博士学位证明,并说明了自己这样做的原因,老板恍然大悟,毫不犹豫地重用了他。

你有你自己的优势,而在你实力不足的领域之中,你需要别人的帮助以解决自己的问题。正如你找医生看病要付钱一样,你请别人办事就要付出一定的外在面子——这是你向对方显示低姿态的一种具体的代价。如果你有事想请他人帮忙,就一定要学会放低自己的姿态,最起码的要求就是开口说话要很客气,毕竟托人办事是麻烦对方,有的人可能不好意思开口,一方面感觉很为难,另一方面怕遭到了拒绝,但是如果掌握了技巧,就会变得容易很多。

美国赫赫有名的政治家富兰克林,在青年时期,有一次去拜访一位老前辈,年轻气盛的他昂首挺胸迈着阔步走进老前辈的家门,却被门框撞了头,痛得他一面用手捂着头,一面不解地看着比他身子矮了一截的门。老前辈出来迎接他时,看到富兰克林这副样子,关切地说:"很痛吧！可是，这将是你今天访问我的最大收获。一个人要想平安无事地活在世上，就必须时刻记住：该低头时就低头。这也是我想要教你的事情。"富兰克林把这次拜访得到的教益看成自己一生中最大的收获，且把它当作自己一生的生活准则之一，受益匪浅。因此，他后来成为功勋卓著的一代伟人。他在一次谈话中深有感触地说："这一启发的确帮了我的大忙。"言外之意就是说，做事情不能总是昂着自己高贵的头颅，该低头的时候还是要低，否则就会被碰个头破血流。

你去求别人，并不说明别人比你更有价值，或说明别人比你更有尊严。它只说明：在你要办的这件事上，别人由于种种原因比你有更多的主动权。因为主动权操之于人，所以你要表现低姿态，你表现低姿态只是向对方说明在这件事情上，你的实力不如对方，你需要对方的帮助，并不说明你的人格低贱。

不管你从事什么职业，你都需要求人，都需要表现低姿态。生活在这个社会中，总有一些时候，主动权不是掌握在自己的手里，而是掌握在别人的手里。要知道求人和低姿态是我们在生活中经常遭遇的问题，在生活的风风雨雨之中，你会认识到，有时，求人和表现低姿态也是一种奋斗，也是一种拼搏。

老子说，当坚硬的牙齿脱落时，柔软的舌头还在。柔软胜过坚硬，无为胜过有为。学会在适当的时候，保持适当的低姿态，绝不是懦弱和畏缩，而是一种聪明的处世之道，是人生的大智慧、大境界。所以为了把事情办成，不妨常以低姿态出现在别人面前。

5. 央求不如婉求

俗话说："篱笆立靠桩，人立要靠帮。"生活不会一帆风顺，总会出现自己难以完成的事情，这个时候自然要寻求他人的帮助了。但是这个时候你一定要注意说话的方式，如果你直接说出请求会显得唐突，这时你不妨委婉地表达自己的意思，让他人更易于接受，顺利地达成你想要的结果。

朱镕基总理要去中央电视台视察，中央电视台的领导要求节目主持人敬一丹，要想办法得到朱总理的题词。敬一丹听了既感到欣喜，又感到多少有些为难：自己究竟该怎样向总理提出这个请求呢？

当朱总理来到中央电视台的《焦点访谈》节目演播室时，在场的人都起立热烈地鼓掌。朱总理亲切地跟大家问好，大家也争先恐后地与总理交谈。朱总理坐到主持人常坐的位置上，大家簇拥着走过来。

敬一丹感觉这时气氛活跃，是一个好时机。于是走到朱总理面前说："总理，今天演播室里聚集在您身边的这二十几个人只是焦点访谈节目组的十分之一。大多数人都在外地为采访而奔波，非常辛苦。他们也都很想回到这里来，跟您进行面对面的交流。但他们以工作为重，今天没能到这里来。您能不能给他们留句话？"

敬一丹说话的口气非常诚恳，而且还很婉转，然后就把纸和笔恭恭敬敬地递到朱总理面前。总理看一下敬一丹，笑了，接过纸和笔，欣然命笔，写下"舆论监督，群众喉舌，政府镜鉴，改革尖兵"16个字。

总理写完这些字后,全场又响起了一片热烈的掌声,谈话的气氛也随之进入了高潮。

只要你掌握了求人的方法与技巧,就可以使你在需要帮助时如鱼得水;在身陷困境时一求便应,出奇制胜;在事业不顺时呼风唤雨,马到成功。记住,求人就是借力,善于借力就能赢!

唐肃宗想请隐士李泌做自己的辅国大臣,但他知道李泌生性倔强,不会欣然从命,所以就想出了一套巧妙的方法。

首先,肃宗特地命人去请李泌,说是会面叙旧,李泌应召前来。肃宗见到李泌之后,想任命李泌为右丞相。李泌赶紧推辞:"陛下屈尊来待我,视我为宾友,实际上比宰相显贵得多了。有什么想法都可以及时禀告,何必定要授官呢?"肃宗一听这些话,心里暗暗高兴:李泌接受下山会面的要求之后,又接受了答应参谋军国大事的要求,这样事情就好办多了。此后,肃宗对李泌待以客礼,出门并骑,晚上同床,事事请教,有劝必从。

不久,依李泌的意见,肃宗诏令长子广平王李叔为天下兵马元帅,统率诸将东征安禄山。李叔受命,请求给他一个谋臣。肃宗清楚,这事关国家兴亡的大谋臣非李泌莫属,于是故意对李泌说:"先生白衣事朕,曾有军士窃窃私语说,黄衣为圣人,白衣为山人,怎么会混在一起?是不是请先生勉强穿上紫袍,以免除大家的非议呢?"

李泌心想,身着百姓衣服,夹杂在冠戴整齐的军人和朝官当中,也的确令人瞩目,便同意了肃宗的请求。不料肃宗紧接着又提出了更高的要求,笑着对李泌说:"既然已经穿上了官服,又岂能没有官位?"说着把一纸敕文递给了李泌。李泌一看,自己已被授职"军国元帅府行军长史",敕文上盖着镇国大印,想着自己已心甘情愿地穿上了官服,又何妨再加个官名呢?

聪明人说话办事时，总是喜欢多绕几个圈子再开口。这就能在无形之中畅通交流渠道，拉近距离，减少办事的阻力，让自己在求人过程中得到最大的实惠。央求不如婉求，不露声色，委婉地将自己的请求告诉能够帮助你的人，不声不响达到自己想要的目的，这是求人办事的最高境界。所以，说话办事有时候就是要学会绕弯子，提出需要帮助的事情之后，让对方得到缓冲的余地，这样一来，原本困难的事情办起来就容易多了。

6. 运用激将之法，轻松达到目的

俗话说：请将不如激将。只要你事先了解了对方的情感好恶是非标准，只要你知道了对方处在社会关系网中的哪一个点上，你就可以根据社会平衡关系，机动灵活地激发对方产生某种情感倾向和心理倾向，然后促使对方按照这种倾向做出有利于自己的决策。办事的过程中，巧言激将，能够把办事者的自尊心、自信心激发起来，更好地为你办事。

有一个橡胶厂进口了一整套价值200万元的现代化胶鞋生产设备，由于原料与技术力量不够，搁置了4年也无法使用。后来，新任的刘厂长决定将这套生产设备转卖给另一家橡胶厂的向厂长。正式谈判前，刘厂长了解到向厂长两个重要情况：一是该厂经济实力雄厚，但基本上都投入了再生产，要马上腾挪200万元添置设备，困难很大。二是该厂厂长年轻好胜，几乎在任何情况下都不甘示弱，甚至经常以拿破仑自诩。刘厂长对对方的情况有所了解后，决定亲自与向厂长谈判。

刘厂长："昨天在贵厂转了一整天，详细了解了贵厂的生产情况。你们的管理水平确实令人信服。你年轻有为，能力非凡，真让我钦佩。"

向厂长："哪里哪里，老兄过奖了！我年轻无知，恳切希望得到老兄的指教！"

刘厂长："我向来不会奉承人，实事求是嘛。贵厂今天办得好，我就说好；明天办得不好，我就会说不好。"

向厂长："老兄对我厂的设备印象如何？不是说打算把你们进口的那套现代化胶鞋生产设备卖给我们吗？"

刘厂长："贵厂现有生产设备，在国内看是可以的，至少三五年内不会有什么大的问题。关于转卖设备之事，只是有两个疑问：第一不知贵厂是否有经济实力购买这样的设备；第二，即使有能力购买，贵厂也未必有能力招聘到管理、操作这套设备的技术力量。"

向厂长听到这些后，不免有些不快，觉得对方在轻视自己的实力。于是，他用炫耀的口气向刘厂长介绍了本厂的经济实力和技术力量，表明本厂有能力购进并操作管理这套价值200万元的设备。经过一番周旋，刘厂长巧妙地将闲置了4年的设备转卖给了向厂长。

在生活当中，往往有些人非常自负，如果你采取正常的方法去求他办事，他可能对你不屑一顾。这个时候如果你采取激将法，一定会有意想不到的效果，因为每个人都有不服输的心理，如果你善于利用这一点，对方不服输的性格就会成为你成功的筹码。

激将法就是根据人的心理特点，使对方在某种情绪冲动和鼓动之下做出顺应的举措，从而达到给自己办事的目的。人们常常说："树怕剥皮，人怕激气。"求人办事过程中，有时他人并不应允。如果采用直截了当的求人办法，也会一再拒绝。这种情况下，利用人们爱面子的心理，施以激将法，就可以顺利地达到自己的目的。

某厂改革人事制度，招聘车间主任，工人们都希望一位年轻有为的技术员受聘，可这位技术员就是犹豫不决。一位老工人冲着他当众发了言："我说你啊，厂里花了上万元送你上大学，学了一手本领，连个车间主任都不敢当，真是窝囊废！"结果这个技术员在一激之下，终于揭榜出任了车间主任，果然不负众望。后来，他在一次授奖表彰大会上谈体会时说："厂里出钱培养我，车间广大工人师傅信任我，我怎么能甘当一个窝囊废呢！"

激将法是求人的一种高超技巧。使用激将法往往能够使对方情绪激动，从而去做一些他平常情况下可能不会去做的事。激将法还可以激起对方的愤怒感、羞耻感、自尊感、嫉妒感或羡慕感等等，这样，被求者在激动中来不及考虑太多就答应下来。求人时，尤其是求熟人时，就得利用一下感情，摸透对方的心理，因时而宜地采用激将法，对方就会尽力帮你把事办好。

激将法就是使对方的内心冲动变成有利于自己利益的办事妙法，从而完成自己所要做的事情。孟子说过："一怒而天下定。"这怒是因刺激而起，勇气也从胆中生，许多事业的成功就靠一怒而成，也有无数坏事起于一怒之下。可见这"激"的功用，达则兼善天下，穷则祸及本身。所以，在求人办事之前，要先掌握对方的心理与行为特征，这样才能达到求人办事的目的。

7. "好事多磨"，遭到拒绝后坚持言语和气

生活中，当你需要得到他人帮助的时候，却看到他人正在忙于工作，似乎没有时间帮助你，也让你不忍心打断他们认真的工作状态。一般情况下，这类人都是非常难以搞定的，工作狂似的人最不喜欢被人打扰，更不愿意浪费自己的时间。所以在求他们办事的时候就要有足够的耐性，哪怕遭到拒绝也要心平气和。然后再耐心寻找突破口，软磨硬泡达到自己的目的。

俗话说："心急吃不了热豆腐。"当一个人失去耐心的时候，也失去了明智的头脑去分析事情。所以求人办事没有耐心是根本行不通的，事实上，耐心也是一种非凡的智慧，对于一些小事、易事，一般人都能毫不费力地完成，而对于那些大事、难事，没有耐心的人是根本无法进行的。

小科劳德的母亲弗朗索瓦兹·吉洛特十分爱好绘画，一入画室便不容有人打扰。一次，儿子想让妈妈带他去玩，可吉洛特已全身心投入绘画上，听到敲门声和儿子的喊声，只是回应了一声"唉"，仍旧埋头作画。过了一会儿，儿子又说："妈妈，我爱你。"可得到的回应也只是："我也爱你呀，我的宝贝儿。"门还是没开。

儿子又说："我喜欢你的画，妈妈。"吉洛特高兴了，她答道："谢谢！我的心肝，你真是个小天使。"可仍旧不去开门。儿子又说："妈妈，你画得太美了。"吉洛特停下笔，但没有说话，也没有动。儿子又说："妈妈，你画得比爸爸好。"吉洛特的画当然不会比丈夫——绘画艺术大师毕加索画得更好，但儿子的话句句说到了她的心里，使她内心

涌起一种甜蜜的感动。她也从儿子那夸张的评价中感到了儿子的迫切心情，最终还是把门打开了。

生活中有不少这样的人，求人帮忙，一旦说出自己的请求，就恨不能对方即刻帮他搞定，丝毫不去考虑对方的实际情况。如果人家没有迅速解决，就心急火燎，最后弄巧成拙。面对妈妈的一再拒绝，小科劳德没有轻易放弃，也没有恼羞成怒。通常大多数的孩子在遭到第一次的拒绝之后都会大哭大闹，在求人办事的时候，我们也应该像小科劳德一样，用耐心和智慧去追求自己想要的结果。

春秋战国时代，秦国大举兴兵围攻赵国的都城邯郸，赵公子平原君多次写信给魏王及魏公子信陵君，请求魏国援救。魏王派将军晋鄙带领十万大军援救赵国，但又慑于秦国的威胁，便让晋鄙把军队驻扎在邺地等待，观望形势的变化。

平原君派出使者向魏军催促出兵救援，但魏军仍按兵不动，平原君一气之下又给信陵君写了一封信，谴责信陵君见死不救。信陵君接到这封信感到非常忧虑，但无论他采取什么办法游说，都无法说服魏王。信陵君此时真像热锅上的蚂蚁一样昏了头，他把自己手下的宾客集中起来，凑集了百余辆车马，想奔赴赵国，与平原君一同战死。

临行时经过夷门，见到了信陵君最器重的宾客——看门人侯嬴，侯嬴听了信陵君的慷慨陈词后非但不加鼓励，反而冷淡地说："公子您自勉吧，老臣不能随你一同去了。"

信陵君走出数里，心中很不是滋味，心想我对侯嬴的待遇可算得上周到了，如今我将要去送死，他凭什么连一言半句送行的话都没有呢？信陵君越想越气，就叫宾客停下来等他，他又驾车返回去找侯嬴。

信陵君回来时，侯嬴正站在门口等他，笑着说："臣本来就知道公子会返回来的呀！"

于是，侯嬴向信陵君说出了他心中的计策。信陵君恍然大悟，采用侯嬴之计。说服如姬窃得兵符，调动了晋鄙的十万大军，解除了秦国对邯郸的包围。

做个有耐心的人不容易，做到平心静气更是处世态度的一种境界、一种气度和一种修养。这种修养一旦养成，对求人办事具有重大的作用，也是顺势求人最基本的要求。耐心是一种智慧，更是一种心性；耐心是一种大度，更是一种真正的成熟。耐心是一种人生态度，一切成功皆有可能在你耐心的极限之后出现。面对他人的拒绝，我们一定要用足够的耐心和平和的态度去敲开对方的心门，不急不躁、心平气和方能成事。

8. 巧搬"第三者"，事情更容易办成

聪明人都是借助别人的力量，去达成自己的目标。一个人不能单凭自己的力量完成所有的任务，战胜所有的困难，解决所有的问题，所以必须借助"第三方"力量才能达到目的。善于借助他人的力量，既是一种技巧，更是一种智慧。

每个人都有各自的长处和优势，也许你所缺少的正是他人所拥有的。很多事情就是这样的，当我们无力去完成一件事时，不妨向身边可以信任的人求助，也许对我们来说费力不讨好的事情，对他们来说不费吹灰之力就能轻松解决。与其自己苦苦追寻找不到解决的方法，不如将视线转一转，去求助于那些有能力办成事情的人。

亚玲是一名汽车推销员，而她的同学如意是一名保险推销员。一

次，亚玲向一位地产大亨方总成功推销了一辆汽车。

几天后，方总突然接到了一个陌生电话："方总您好！我是亚玲的同学，非常感谢您一周前向她购买了一辆汽车。亚玲说明天您要开车回车行检查是吗？我可以在您查车的一个小时里，与您吃顿便饭吗？"

如意知道，老板都非常繁忙，一般不会随便接受别人的邀请。所以，就借他检查车的时间里请他吃饭，方总觉得不好推却就答应了。

第二天，方总如约来到订好的餐厅，如意和亚玲已经等在那里了，一见面，如意就说："方总，为感谢您对亚玲的支持，我请您坐一坐，顺便聊一聊如何更好地维护您的爱车。我想您不会拒绝我的请求吧？"本来方总只是打算见个面就走人的，但是眼下的情况盛情难却，只好接受了邀请。

席间，如意说："像您这么成功的人士，一定会非常注意生活的品质，一定需要一份完善的保障计划。我这里有一份非常适合您的保单，请您看一下。"方总接过保单，心想：刚买的车反正是要上保险的，向谁买都一样，那就签了吧。

就这样，亚玲的客户也成了如意的客户，这就是利用朋友的资源办事的有效运作。

萧伯纳说过："倘若你有一个苹果，我也有一个苹果，而我们彼此交换这些苹果，那么你和我仍然是各有一个苹果。但是，倘若你有一种思想，我也有一种思想，而我们彼此交换这些思想，那么，我们每人将有两种思想。"办事也是如此，当你觉得有些事情很难办，自己的力量不能使事情圆满完成时，巧借他人之力，事情办起来就容易多了。

9. 入情入理的话更有说服性

说服，就是运用语言技巧给对方讲道理，使之接受，试图使对方的态度、行为朝特定方向改变的一种影响对方心理意图的沟通。在现今社会中，当我们和其他人的意见相左时，为了更好地完成工作或是想要得到别人认同并给予自己帮助，我们就需要去说服对方，以期达到自己想要的结果。真正站在对方的立场上，为对方着想，并全面分析双方的利弊得失，说话真诚，语气亲切随和，不卑不亢，入情入理，这是成功地说服对方的真谛之所在。

有一家大型公司的总经理要租用一家旅馆的大礼堂开一个经销商会议。刚要开会，对方通知他要付比原来高三倍的租金。没办法，总经理去找旅馆主管交涉。他说了下面这番话："我接到您的通知时，有点震惊。不过这不怪您，假如我处在您的地位，也许也会写出同样的通知。您是这家旅馆的经理，您的责任是让旅馆尽可能多盈利。您不这么做的话，您的经理职位难以保住。假如您坚持增加租金，那么让我们来合计一下，这样对您有利还是不利。先讲有利的一面，大礼堂不出租给开会者而出租给举办舞会、晚会的，那您可以获大利了。因为举办这一类活动的时间不是很长，他们能一次付出很高的租金，比我的租金当然要多得多。租给我，显然您是吃大亏了。

"现在，再考虑一下不利的一面。首先，您增加我的租金，反而降低了收入。因为实际上等于您把我撵跑了。由于我付不起您所要的租金，我势必再找别的地方举办会议。还有一件对您不利的事：这个会议的参加者来自全国各地，他们的社会地位、文化教养、受过的教育都在中等以上。这些人到旅馆来开会，对您来说，这难道不是起了不花钱的活广告的作用吗？事实上，假如您花 5000 元钱在报刊上登广告，您也不可能邀请到这些人亲自到您的旅馆参观。可我的会议为您邀请来了。这难道不合算？请仔细考虑后再答复我。"

如此入情入理的恳谈，任何人都无法拒绝。最后，旅馆经理向那位总经理让步了。

说服的过程，实际上就是一个情感互融的过程。中国有句古话，动之以情，晓之以理。人都是有感情的高级动物，真正的铁石心肠的人是不多的。在与人进行交谈并劝说别人接受自己的观点，或者是在寻求帮助的时候，入情入理的话更有说服性，更能加大成功的砝码。所以，感情是说服的唯一纽带，如果不能投入感情，整个说服过程就显得干巴巴的，让人听了很不舒服！

数学家苏步青上小学时，成绩很差，每次期末考试都是倒数第一，别人都笑他"背榜生"。

一次他又逃课了，老师找到他并告诫他说："你不读书，别人怎会看得起你呢？看不起你的原因，不就因为你是背榜生吗？如果你考前几名呢？你知道牛顿吗？他也生在农村，到城里念书时成绩也不好，同学也都欺负他瞧不起他。一次，一个成绩好的同学还故意把他打得趴在地上，他凭什么？不就是成绩比牛顿好、身体比牛顿壮吗？平时牛顿不敢惹他，这回可不一样了。他将那个打他的同学逼到了墙角。那同学一见牛顿如此勇猛，就很害怕，只得认输，从此再也不敢欺负他了。从这件事上，牛顿得到了启发，只要有骨气，肯拼搏，就能取胜。从此他努力学习，终于取得全班第一的好成绩。"

这是苏步青第一次听到一位大科学家如何克服自身弱点、奋发图强的事迹，这无疑使他心灵受到极大的震动，老师列举的牛顿的事例，使苏步青感到浑身充满了力量。从此以后他开始发奋学习，终于使自己的学习成绩得到根本的改变。

苏步青的老师通过具体生动的事例，对他动之以情，晓之以理，令苏步青心悦诚服，终于开始奋发图强，使学习成绩大大提高。

亚里士多德曾说："说服是通过演讲使听众动感情而产生效果的，因为我们是在痛苦和欢迎、爱和恨的波动中做出不同的决定的。"理好比是硬物，而情则如水。刚强之物，形可碎而不可变，坚而不韧，强而易脆。而柔软之物，随势变形，柔而耐长久，软而有韧性。很多说服者在说服他人时，往往能催人泪下影响别人，使人不知不觉地接受，达成自己的要求，这就是情感的力量。

10. 十种有力的请求方式

柴米油盐的日常生活中，每个人都会遇到求人办事的时候，但是有些时候并不是所有人都会爽快地答应帮助你，所以，一定掌握好"请求"的艺术，言行举止都要有礼貌，让人觉得你是真诚地需要他的帮助，还要让人产生能帮，甚至非帮不可的想法。想要成功，必须充分做到以下几点。

1. 缩小请求

尽量把自己的要求说得很小，以使对方能够顺利接受，达到自己的要求和愿望。比如："你借我 200 块钱就可以了，剩下的我自己再想办法。"我们确实经常发现，人们在提出某些请求时往往会把大事说小，这并不是变着法儿使唤人，而是适当减轻给别人带来的心理压力，同时也使自己便于启齿。

2. 谦恭请求

通过抬高对方、贬低自己的方法把有关请求等表达出来，显得彬彬有礼、十分恭敬。比如："老师您就不要再推辞了，同学们都在恭候呢！"请求别人帮助，最有效的做法就是尽量表示敬意，使人家感到备受尊重，乐于从命。

3. 乞谅请求

首先要表示请求对方谅解，然后再把自己的希望或要求表达出来，以免过于唐突。比如："真不好意思，这次又要麻烦你了。"人都是感性动物，只要你能打动他，他一定会欣然答应你的要求，而适当的语言策略会使求人的气氛变得和谐、友好。

4. 体谅请求

首先说明自己了解并体谅对方的心情，再把自己的要求或想法表达出来。比如："我知道这件事你也很为难，但是我实在没有办法了，只好请你试一试。"求人的重要原则就是充分体谅别人，这不仅要在行动中体现出来，而且要在言语中表示出来。

5. 明因请求

在提出请求时最好把具体原因讲出来，使对方感到很有道理，应该给予帮助。比如："我对那边的情况真的一点儿都不了解，怕把事情搞砸，您是内行，就帮我办了吧！"在提出请求时，如果把相关理由陈述清楚，就会显得合乎情理，令人欣然接受。

6. 借机请求

借助附加问句、插入语、状语从句、程序副词及有关句型等来减轻话语的压力，避免唐突，充分维护对方的面子。比如："不知你可不可以把这封信带给他？""你能够帮我拿一下吗？"我们可以发现，语言中有很多缓冲词语，只要使用得当，就会大大缓和说话的语气。

7. 自责请求

首先讲明自己知道不该提出某个请求，然后说明为实情所迫不得不讲出来，令人感到实出无奈，比如："我知道现在您很忙，我不该在这个时候提出来，但是真的没有办法，只好麻烦您帮帮忙了。"求人的过程中，要知道在有的时候、有些场合打搅别人是不合适的、不礼貌的，但有时又不得不麻烦人家，这就应该表示知道不妥，求得人家谅解，以免显得冒失。

8. 间接请求

通过间接的表达方式，比如使用能愿动词、疑问句等。以商量的口气把有关请求提出来，显得比较婉转一些，令人比较容易接受。比如："你可以帮我倒杯水吗？"间接的表达方式要比直接的表达方式礼貌得多，因而更容易得到对方的帮助或认可。

9. 迟疑请求

首先讲明自己本不情愿打扰对方，然后再把有关要求等讲出来，以缓和讲话语气。比如："我本来不想再提这件事了，但是都几个星期了，你都忘了替我办。"在提出要求时，如果在话语中表示自己本不愿意说，这样就会显得自己比较有涵养。

10. 激将请求

激将请求的奇特之处就在于，求人者从某种意义上贬低了被求者的能力，这样容易激发被求者的热情，也给对方和自己留下充分的退路。比如："也许你做不到，但是我还是想请你去试一下。"在请别人帮忙或者向别人提出建议时，如果在话语中表示人家可能不具备有关条件或意愿，就不会强人所难，自己也显得很有分寸。

11. 事办成了要致谢，没办成也不忘感谢

很多人都有一个不好的习惯，求人办事之前好话说尽，只希望人家能帮你办成事；事成之后，却立马将帮助过自己的人忘得一干二净，连一句感谢的话都没有。更有甚者，由于一些原因事情没有办成，不但不去感谢他人，反而责怪他人办事不力，耽误了自己。这样的人让被求者在寒心之余也对你这个人有了一定的了解，相信如果你再去找对方帮忙，多半会吃闭门羹。

所以，无论在什么情况下，一定要学会感谢帮助过你的人，不管事情有没有圆满完成，都要向别人表示你深深的谢意，这样做给你带来的好处是不言而喻的。

张洁静毕业之后，想把户口迁到自己工作的城市，她打听到自己同学的姐姐卢梦婷在市公安局户籍科工作，便想请她帮个忙。张洁静给卢梦婷买了一套高级化妆品，前去拜访，说明来意后，卢梦婷满口答应下来："既然你和我妹妹是同学，这事就交给我吧，你放心，需要什么我会及时通知你的！"

这事要是在以前本不是一件难事，但是由于这段时间户口查得很紧，卢梦婷想尽了办法还是没能帮张洁静办成。她本来以为张洁静会为此生气，没想到，当她告诉张洁静这件事时，张洁静笑着对她说："我也知道这事不好办，让姐姐为难了，没关系，我再想想其他办法吧！"一直过了几个月，没有办法的张洁静只好回到家乡找工作，临走之前，特意请卢梦婷和同学吃了一顿饭，表达了自己的谢意。

一年后，卢梦婷还是帮她解决了户口问题。张洁静再三表示感谢，

说：“谢谢姐姐还记得我，这次真是多亏了你的帮助。”卢梦婷笑着说："你这么懂事，让我想不帮你都难啊，不用谢我，谢谢你自己吧！"

得体的礼仪永远会为你带来好运，对于帮助过你的人，一定要有一颗感恩的心。事情办成之后切勿过河拆桥，更不能在帮助过你的人面前炫耀你的成功，这样会引起对方的反感；即使事情没有办成，也不要一味地生气、抱怨，虽然事情没有得到圆满解决，但是被求者也是全心全意帮助过你，如果你不知道感谢，还埋怨自己选错了人，只会让对方远离你。

朋友尽心尽力帮你办事，如果你连一句"谢谢"都吝于启齿，那么朋友的心情该是多么难过。有时候，朋友帮你并不是为了求得你的回报，更多的时候，他们只是希望得到一句暖人心扉的话语。

梁伟鹏在南京做销售工作，临近春节准备回家过年，但是因为工作任务没完成，抽不开身去车站买票。于是梁伟鹏请他的好朋友钱枫帮他到车站买票。钱枫也很讲义气，一大清早跑到火车站，排起了长队，等轮到他的时候，火车票已经售罄，无奈的钱枫只好空手而返。

钱枫回到家的时候，梁伟鹏已经在他家门口等着了。知道钱枫没买到票后心里很不高兴，不但连一句感谢的话都没有，还觉得钱枫办事不力，耽误了自己的行程，气冲冲地走了。

梁伟鹏的做法让钱枫非常伤心："自己一大清早就起来去排队，票卖完了又不是我的错，好像我故意不给他买似的。不说几句感谢的话就算了，还给我脸色看，我这么辛苦是为了谁啊？今天才发现他是这种人，以后想找我帮忙，没门。"

从那以后，钱枫再也没有搭理过梁伟鹏，而梁伟鹏似乎没有丝毫察觉，还逢人就说钱枫怎样不办事，却从没想过自己的几句话已经失去了一个多年的好友。

每一个人都喜欢懂礼数的人，表达谢意的方法也有很多种：一句谢谢、请人吃顿饭、过年过节打个电话问候问候……不管你用哪种方式表示感谢，都会让对方倍感温暖，并将你深深记在心上。在你下一次需要帮助的时候，对方会毫不犹豫地答应你。如果你不懂得感谢帮助过你的人，把他人的帮助看作理所当然的事，相信都会是"一回即止"。

只有懂得感恩的人才会为自己赢得更多的朋友和机会，因此，我们一定要记住，求人办事，不管结果如何，事后都要向对方表示你诚挚的感谢，这不仅体现了你懂礼貌，更是表达了你对被求者的尊重和鼓励，也是为你的下一次求助埋下伏笔。如果还有机会帮助你，相信他们一定会更加尽心尽力。

第四章

能做更要会说，功劳才能事半功倍

俗话说：光说不练假把式，光练不说傻把式。说与做是有机结合的整体，只会说嘴的人固然不能取得成功，只懂得默默耕耘的人同样也无法成功。因为只说不做的人没有实质的付出，只做不说无法让人意识到自己的付出。所以，只有那些既会做又会说的人，才能让自己的每一分付出都为成功添砖加瓦，取得事半功倍的效果。

1. 这样向上司提加薪的要求

随着现在物价直线上涨的形势,"什么都涨就是工资不涨"的抱怨声在上班族的口中频频而出,但是大部分人在对自己的薪酬不满的同时,却又不知道如何向上司提出加薪的要求。如果你觉得你的表现足以拿到更高的工资,如果你觉得你的工作量超出了你的薪酬范围,就及时与老板沟通,但是一定要注意方式。如果你在不恰当的时机以不恰当的方式向老板提出加薪要求,不仅不能实现你的愿望,还有可能失去工作。

秦枭进入这家公司已经一年了,平时工作非常踏实,可是工资却丝毫不见上涨。眼看其他同工作量的同事拿着比自己高的工资,心里很不是滋味。

一天,办公室只有秦枭和经理两个人。秦枭故意提到,这个月的房租又涨了,菜价也涨了……言外之意是,我的工资什么时候涨呀?

经理笑着说:"别抱怨了,好好工作吧!大家的工资都是一样的!"

"是吗?真的一样吗?"其实秦枭早就生气了,但是一直忍着。所以那句"真的一样吗?"就这么脱口而出了。秦枭长久以来的怨气都宣泄出来了:"大家做的工作都是一样的,凭什么拿的工资不一样呢?要说工作经验,我也已经在这里半年了,什么经验没有呀?"

听了这话,经理看了秦枭半天,最后阴沉着脸,说了句"你的问题我会考虑",就离开了办公室。

向经理提出加薪的要求并没有错,但是秦枭的方法太过咄咄逼人,没有表现出对经理的尊重,他这样做不但起不到丝毫作用,还会让经理对他产生不好的印象。所以,说服老板加薪,你也要讲求方法,要想让老板心甘情愿掏腰包,你要注意以下几点。

第一,对自己作一番正确的评估。

当你打定主意准备向老板提出加薪要求时,一定得先对自己作一番正确的评估,即你在老板心中的分量重不重,你在公司的资历怎样,你最近出色地完成了哪些项目,这些项目为公司带来了多大的利润,你未来还会为公司做出哪些贡献,你的隐性、福利性收入是否算入了你要求加薪前的数额,你的离去是否会为公司带来某种损失……对自己有一个正确的评估,你就能知彼知己,有的放矢,既不会让老板为难,也能让大家知道你是否真正"薪有所值"。

第二,找准人和选好时机很关键。

提加薪要求时找准人和选好时机是非常关键的。提出加薪要求前应该先了解公司内外和你担任相同职务的人薪金是多少,最重要是明确谁有权利决定为你加薪。如果找错对象,那么即使你有充分的理由,加薪的愿望也肯定会落空。还有,准备提加薪要求时一定要看上司脸色,不能盲目行事。最好选择上司心情好、公司业绩好的时候提出加薪,这样成功的概率比较大。

第三,掌握"证据"。

一般来说,上司都非常关心公司账目的收支平衡,所以,当你提出加薪要求时,就要让上司知道你为公司赢得了多少经济效益,以作为你要求加薪的理由。另外,为了说明你应比其他同事获得更高的薪酬,你必须有礼貌地提醒上司,你是怎样全心全意工作的,而且最好举出具体时间、工作性质和工作经过,光说自己比别人勤奋和出色还不够,证据才是最好的理由。

第四，直言不讳。

如果你认为你的潜力足以压过你身边的平庸之辈，如果你觉得自己的付出与得到的回报不相符，那么你就不妨把你的加薪要求直接向老板提出来。你不愿提或不敢提，知情人反而会觉得你这人缺乏激情，不思进取。敢吃螃蟹的人往往是创造财富最多的人。

第五，托人传话。

作为一般员工，可能不会直接和老板打交道，但部门经理会对你了解得更多一些，而部门经理则是老板经常要召集开会的人之一。除此之外，老板身边也有比较亲近的人，通过他们转达你的加薪要求有时比你直接开口效果更好。当然这里你得把握好一个"度"，即能替你传话的人一定得是理解你、同情你的人，这样他在传话的过程中就能把话说得婉转些、圆满些，即使遭到拒绝，面子上也不至于太尴尬，因为你毕竟没和老板"正面交锋"。

第六，假意辞职。

公司真的离不开你吗？你这一走马上就有单位愿意接收你吗？新的公司薪水就一定比现在多吗？这些问题在你假意辞职前一定得吃准了，否则"偷鸡不成反蚀一把米"，那可是你自找的。

景天是公司里的业务骨干，同他一块出来打拼的一个同学在另一家公司干得有声有色，而且月薪比他多了近千元。他力邀景天加盟他们公司，并说他们老板已经给他留好了位置，承诺月薪一定比原单位多一千元。景天考虑到自己老板平时待他不薄，工作也干得很顺心，只要老板给他加个五六百元，他就不想离开原公司。但薪水毕竟是个诱惑，不提出来也不行。于是他找了个机会把同学的意思向老板说了，并说如果老板有接替他的合适人选，他才会考虑离开，如果暂时还没有合适人选，他宁愿不要那份薪水继续留在公司干。老板感动之余自然明白了景天的心思。过了一个月,景天的工资袋里就多了一千元钱。

第七,自信和果断。

一旦你认为自己有充分理由加薪就应该毫不犹豫地向上司提出要求,因为不少老板坦言,如果员工没有提出要求他们通常都不会主动为他们加薪的。所以,只要你有充分的加薪理由,就要向上司提出来,因为上司对真正有才华、有贡献的下属的加薪要求,是会积极加以考虑和接纳的。

加薪在职场上是一个很敏感的话题,因此,在向上司提出来的时候一定要掌握好方式和方法。如果处理不当,不但不能达到目的,还有可能影响你今后的发展。

2. 替上司为自己找升职的理由

俗话说:"不想当将军的士兵不是好士兵。"同样,不想当领导的职员也不是好职员。相信身在职场,没有一个人不想成为领导,但是也并不是人人都能够成为领导。当你觉得你自己有能力胜任比现在更高的职位时,该如何说服领导为你升职呢?或者说你该如何找到让上司为你升职的理由呢?

1. 预先提醒上司

在你正式将自己的想法向上司提出来之前,先做出一些暗示,表明你正在考虑这件事,这样就不会在和上司商量的时候让他毫无准备了。你可能会认为这只会给他时间搜罗理由拒绝你的要求,但是请记住,你的目的并不在于要去赢得一场辩论,而是要使上级确信给予你提升是出于对大局利益的考虑。

2. 不过分谦让

想要坐上某一个位置，就要学会竞争，不能过分谦让。因此，当你了解到某一职位或更高职位出现空缺而自己完全有能力胜任这一职务时，一定不能保持沉默，而是要学会争取，主动出击，把自己的想法或请求告诉上级，往往都能够让自己如愿以偿。特别是上级已经有了指定候选人，而这位候选人在各方面条件都不如你时，应该积极主动争取。过分谦让只会让你错失晋升的绝佳机会。

尚德得知公司正准备招聘一名主管，他立即约见了自己的上司，并直截了当地说道："董事长，我觉得自己有足够的能力胜任比目前更多的工作，也能承担更多的责任，我已经万事俱备了，希望董事长能够给我这个机会。"

3. 让老板看见你的成绩

对你的上级领导来说，决定你是否值得升职加薪的关键因素，与其告诉上级你工作如何努力，不如告诉他你究竟做了些什么。可以试着用一些具体的数字，尤其是百分比来证明你的实绩；同时，要避免用描述性的形容词或副词。譬如，不要说："我同某某公司谈成了一笔生意。"应该说："我与某某公司做成了多少万元的生意。"也就是说，尽可能地让事实替你说话。

你还可以把你的成绩简单写成报告的形式，总结你在工作中学到的经验，以报告的形式呈给你的上级，不仅能够让他对你的成绩一目了然，还方便以后进一步提拔时再查阅。

4. 能够站在公司经营者的角度思考

站在公司经营者的角度思考，可以让上司或老板感受到你是属于经营团队的一分子，对经营者来说，你的忠诚与可靠，正是可以交付更重要任务的人。在升职的关键时期，你千万要注意不要任意地与同事批评你的老板。

5. 要有团队合作的责任感

如果你是一个属于单打独斗个性的人，想要挑战升职可能时，要记住尽可能地从协助周遭有需要的同事开始，这代表着你可以承担更多的责任与压力，以及有协助团队度过困难的能力，一旦获得老板的信任，升职的概率就会加大了。

6. 向领导讲明提拔你的好处

不可否认，这并非那么容易做到的，因为你是申请人，上级则是决策者，而有关你各方面的资料又有限，因而是否满足你的请求需要考虑。然而，如果再仔细地想想，还可以拿出理由，说明你所期望的提升对于授予者不无裨益。

7. 扛起压力与解决能力

当你在面对巨大的问题或挑战时，要有"泰山崩于前而色不变"的能力，在混乱的状况中，能够迅速厘清头绪，找出最有效的解决方法，同时要以积极乐观的态度迎接挑战，减少抱怨，如此必能赢得老板的赏识。

8. 要有管理时间的能力

从你做事的效率中，可以看出你在项目执行上的成熟度，别人处理一件事的时间，你若能又快又好地同时完成两件以上的事情，可以显现出你在时间管理上的能力和项目执行上的能力。

如果你想要谋求更高的职位，还可以向上司说明你的计划，告诉上司，如果你的职位得到了提升，你一定会出色地完成更多的工作，能够更有效地处理手头的事情，还能为企业带来更高的利润。要想让人信服你，你就要证明你在得到提拔之后能给企业带来的好处，也许这需要花费一番脑筋，但是只要你敢于挑战自己，相信努力一定不会白费。

3. 恰到好处地向领导请示工作

职场上,有很多人总是不分场合、时间地向上司请示工作,这样做不仅干扰了上司正常的休息时间,还会让上司感到厌烦。聪明的下属,总是善于适时适地,恰到好处地向领导请示,征求他的意见和看法,把领导的意志融入正专注的事情。这是下属主动争取领导的好办法,也是下属做好工作的重要保证。这样既体现了自己对领导的尊重,也表现了自己工作的严谨、细心。

公司高层给部门领导和下属安排了一次旅游参观。在旅游途中的一个文物展览会上,有一位部门领导发现一些文物有了毁坏和破损,就询问解说员。解说员解释说,这是由于文物保护部门缺乏足够的经费,不能使文物保存在一种恒温状况下所致,如果有一定的制冷设备,比如空调,这些文物可能会保存得更加完善。领导听后,不禁有些感慨。

此时,站在一旁的机房负责人姜超突然想到了自己好几次想要上报的工作,于是乘机对领导低语:"郑局长,机房里装空调也是这个道理呀!"郑局长看了他一眼,沉思片刻,然后说:"回去再打个报告上来。"后来,这位领导果真批准了机房的要求,为他们装上了空调设备。

作为下属,在请示工作的时候,要注意做到彬彬有礼,这个礼节性的东西绝对不可丢弃,尤其是在请示工作的时候,即便问题比较严重,你也切记不可太过于鲁莽冲动。一定要尊重领导,不可侵犯他的威严。

另外，在向上司请示工作的时候一定要注意天时、地利、人和。

所谓天时，就是要看你想做的事，和当前公司的大气候是否一致。比如说，公司正在搞增收节支，号召大家严抓成本控制，而你却提出一项可做可不做的大预算。不但不能被上司认可，反而会被认为你没有政治头脑，不看形势。所以，请示一件事情之前，一定要事先衡量一下，是否会让上司为难。如果事情不是十分迫切，又需要上司承担比较大的风险才能去做，那就干脆别提。

所谓地利，就是看你想做的事情，是否万事俱备，只待批准。在向上司请示之前，一定要周全地考虑和谋划，千万不能半生不熟甚至只是一个初步想法就跑去讨尚方宝剑。有些人以为工作上多请示多讨教是对上司的尊重，其实无原则地请示，是对上司最大的不尊重。所以，在事情没有谋划周全的时候，也就是不具备实施条件的时候，不要轻易请示自找难堪。

所谓人和，就是在请示工作时，要看场合，把握时机。比如上司刚发过一通火，气还没消呢，你跑去请示工作，十有八九不会有好结果。还有，你还得看当时有哪些人在场。如果有反对你的人在场，你还没说完呢，他就在一边拿腔作调了，那上司就可能被其误导，或者因为有不同意见而下不了决心。所以，什么事在会上请示，什么事在办公室请示，什么事在饭桌上请示，什么事在偶然碰到时请示，都是需要事先计划好的。

请示工作看似简单，实际上也是有很多讲究的。与领导吃饭要讲究饭桌礼仪，那么，请示工作也有不得不学的礼仪。

首先，要遵守时间。如果在汇报前已经做了相关的时间安排，那么一定要记得准时到达，这是对每个职员最起码的礼仪要求。如果过早，则会打乱领导的安排；如果过迟，则会浪费领导的时间。如果遇到突发事件不能准时到达，一定要尽快地想办法向领导解释原因，并且请求推迟或者另外再定时间，并诚心道歉。

另外，如果没有做时间安排，而是临时汇报时，你可根据领导平日的工作而选取恰当的时间，不要一心只想着自己的工作，而不为领导着想。一般来讲，不要在领导忙得不可开交或者是个人休息时间上前请示，这样只会打扰到领导正常工作和休息。

其次，要适时离去。当你的请示汇报结束后，请礼貌地起身并且告辞。如果这时领导还有和工作无关的事情想和你谈，那么你就应该耐心倾听和回答。当领导表示谈话结束，并且示意你可以离开了，这时你便可以离开。

善于向领导请示工作的人一定会是一个成功的人。因为当他向领导请示工作的时候，能够和领导建立良好的信任关系，得到领导的指导后，他能够快速成长，吸取经验，弥补自身的不足。所以，要想在你的单位做出出色的成绩，一定要学会恰到好处地向领导请示工作。

4. 把对上司的"意见"变为"建议"

在很多情况下，上司所做出的决定并不是完全正确的，这个时候，如果你有了不一样的想法和意见，从公司的整体利益考虑，就应该恰当地向上司提出你的意见。当然，一般情况下，上司可能不会轻易接受你的意见，所以在这个时候，你一定要讲求方法，巧妙地说服上司接受你的建议。

陆离是一家知名企业的总经理助理，他的上司是搞技术出身的，由于工作重点长期落在研究开发领域，因此，总经理对企业管理不甚精通。因与自己所学的专业有关，总经理喜欢直接插手技术部门的事，管理方面却有所疏忽，很多部门对此敢怒不敢言，这使得陆离与其他部门沟通起来存在严重的障碍。

经过深思熟虑，陆离决定向上司提出自己的想法。他对总经理说："真正意义上的领导权威包含着技术权威和管理权威两个层面，您的技术权威牢固树立，而管理权威则有些薄弱，亟待加强。"总经理听后，若有所思。

后来，总经理果然越来越多地把时间用在了人事、营销、财务的管理上，企业内部的不稳定因素得到了控制，公司运营进入了高速发展状态，陆离的各项工作也越来越顺利。

在职场上，如何做到在给上司提意见的同时又不得罪上司呢？你一定要做到以下几点，这对你的职场生涯是非常有帮助的。

1. 选择适当的时机

在适当的时候给你的上司提几点"建议"，它不仅包括了你所要提出的意见，而且还要提供解决问题的方案。在给上司提意见时，要照顾到他的处境，不要在他公务缠身、诸事繁杂，或者心情不好的时候提意见，否则他不仅听不进你的意见，反而会对你产生反感，惹来麻烦。所以你要学会察言观色，选择在上司心情好、有时间的时候提出建议。

2. 选择合适的场合

对上司提意见，不应该在公共场合，这样不仅有损上司的面子，而且成功率也很低，应该选择在上司的办公室等私人场合。

3. 先赞同后否定，切忌单刀直入

所谓建议，是在肯定整体方案的前提下，对某些局部问题提出商榷，所以要先表示你的赞同，使对方感觉到你们是站在共同认知的立场上，对问题进行更深入的探讨，这样他就能很自然地沿着你的思路进入问题的关键，而不是一开始就站在你的对立面上排斥你。

假如你是一个公司的部门经理，根据业务拓展情况的需求，公司要给你配备一名管理业务的副手，上司准备从其他部门派一名不懂这方面业务的外行人协助你，而你却想要选拔一位懂业务、有能力的下属担任此职。在这种状况下，你可把话题多用在部门副经理应具备的条件和你所提人选已具备的条件上，而不应用在反驳上司所提候选人上。这样既能够防止与上司发生正面冲突，又能把话题停留在自己所提的人选上。

4. 简而言之，切中要害

当你给上司提意见，上司也表示有兴趣听你的见解的时候，你就必须尽可能简明扼要地阐述你的观点，采用通俗易懂的言谈方式，让上司一听就明白你的想法，切忌啰唆，或者使用模棱两可的语句，如"大概""也许""可能""应该"等。

5. 要有说服力

给上司提意见，一定要有说服力，那么就不能只用口头形式。口头表达难免会不充分，而且不能保证上司当时在专心地听你说。一定要用书面形式，在建议里面要充分表达自己的想法，而且又要简明扼要，不能太过花哨，要能经得起推敲。选择恰当的时候当面汇报，甚至可以采用幻灯片的形式展示出来。只要你用心去做，相信你的建议一定会被采纳。

6. 关注对方，恰当举例

谈话时应密切注意对方的反应，通过他的表情及肢体语言所传达的信息，迅速判断他是否接受了你的观点，并视需要加以适当的举例说明，以增强说服力。

7. 态度诚恳

在提出建议时一定要注意说话的态度和敬语的使用，恰到好处地表达出你的意思，由于你的坦率和诚意，即使对方不完全赞同你的观点，也不会影响到他对你个人的看法。

巧妙地向上司提建议也是一门很深的艺术，所以在实际操作的时候一定要把握分寸，运用技巧。当上司能够打心里听从你的建议时，就说明你成功了。所以适时地向上司提建议，会加深他对你的印象，如果你每次的建议都能被上司采纳，上司一定会认为你很有能力，能够胜任更多更高层次的工作，你的晋升之路自然而然也会走得更加平坦。

5. 及时汇报工作进度，让上司看到你的努力

作为下属，想要得到上司的肯定，光埋头苦干是行不通的。你一定要善于表现，让上司看到你的努力，并定期将自己的工作进度及所完成的任务上报，让他看到并肯定你存在的价值及贡献。所以，适时地向上司汇报工作进度，不仅会加深你在领导心目中的印象，还为自己的加薪升职奠定了良好的基础。

及时向上司汇报工作既是一个和上司沟通的过程，也是一个学习的过程。你在汇报工作的时候，上司就会指出你的不足，告诉你哪些地方需要改进，哪怕是批评你，你也能从中学到不少东西，在你虚心接受之后，上司也会觉得你态度诚恳，工作踏实，加大对你的欣赏值。如果接到公司的任务，只顾按照自己的想法去开展工作，而不与上司及时沟通，一旦出现差错，你就只能吃不了兜着走了。

秦朗是一个大型企业的销售员，奉命到南京开发五金市场。因为大客户竞争太激烈，他选择了一些小客户进行公关，想先争取小客户，再慢慢向大客户渗透。三个月后，经理来视察工作，他正喋喋不休地向经理说自己如何卖力，经理突然打断他的话说："你还记得公司的销售目

标吗?"秦朗回答说:"一年后在南京的市场占有率要达到10%。"经理说:"那就请你把精力放在开发大客户身上!"经理回到总公司不久,秦朗就被调离了。

如果秦朗能够及时向经理汇报工作进度,就不可能被调离。可见,向领导汇报工作是一件多么重要的事情。一般情况来说,下属都喜欢在不被干扰的情况下独立完成工作,而领导却总是对下属的工作不放心。所以,在这种情况下,下属一定要适应上司的要求。凡事多汇报,因为这样你才能明白领导的心意,得到领导支持或反对的答案,以此决定自己的工作是否继续。

很多员工把向上司汇报工作看作一件微不足道的事情,他们觉得只要自己出色地完成了上级安排的任务,就是对自己的一种肯定,上司自然会看到他们努力得来的成果,对自己的尽心尽力也会做到心中有数。但是实际上,怀有这种想法的人恰恰得不到上司的赏识,经常与升职加薪的好机会失之交臂。

有一个老板,为了锻炼自己的儿子,把儿子安排在自己的公司后,并没有向外人公布是他的儿子,也不允许儿子泄露他们的父子关系。他的儿子非常争气,从心底就不想借助父亲的名声来提升自己,还信誓旦旦地跟他说,一定要靠自己的业绩引起上司对他的重视,获得别人对他的尊重。

从此,老板的儿子只顾埋头苦干,并靠自己的聪明才智做出了不俗的成绩。两年后,老板想让儿子到领导岗位上接受锻炼。为此,他把儿子所在部门的主管调到分公司任经理,并让主管推荐接任的人选。

主管推荐了一个人,却不是他儿子,老板让主管再推荐一个,也不是他儿子。老板很惊奇,将推荐的两个人跟儿子作比较,发现他们并没有明显超过他儿子的地方。老板说出了儿子的名字,问没有得到推荐的原因。主管一愣，敏感地感觉到老板是想提拔这个人，想了想说："这个人的工作能力还不错，只是留给人的印象很普通、很平凡，恐怕很难胜任领导的角色。"主管的借口是一种猜测，显然没有说服力，却反映了他的真实感受。

有一些员工喜欢独立完成工作，在完成任务的过程中几乎不和上司交流，结果却常常与上司的想法产生分歧，最后可能导致严重的失误，要么被上司狠批一顿之后果断开除，要么做出自我检讨，扣除奖金作为惩罚。

当今社会，竞争如此激烈。默默完成工作的员工已经不能满足现在职场的发展需要了。出色地完成任务只是前提，如果你不把自己的成果主动展示给上司，你就很难得到晋升的机会，更不能提升自己的竞争力。想要得到上司的肯定与赏识，就不能做一头默默耕耘的老黄牛，要随时将自己的工作成果报告给上司，让他对你的存在不容忽视。

在职场拼搏，你的成绩越突出就越应该及时向上司汇报，让上司在为你给公司带来利益而喜不自禁的同时，能够了解你优秀的工作能力，并在心中留下深刻的印象。如果你只知道埋头干活，即使成绩突出，也是很难得到上级的肯定的。领导大多都很繁忙，他们不会主动去关注一个小职员的工作动态，因此，你如果想以出色的表现赢得上司的青睐，就必须主动出击。

6. 同事与你抢功劳时的语言对策

在职场上，同事抢功的事情时有发生，自己辛辛苦苦、加班加点干出来的成果却在不知不觉中成了别人的"孩子"，怎么不让人气愤！面对这样的情况究竟如何处理呢？是忍气吞声让事情过去，还是向他人哭诉呢？显然，这两种方法都不是上上策。如果你忍气吞声，只会助长抢功者的嚣张气焰；如果你选择向人哭诉，只会让自己更加难受。所以，遇到此类事情，不要慌张，积极运用职场策略，让抢功者主动认错。

佟露刚进一家外贸公司不久，恰巧接到了一个意大利客户的电话，虽然对方说的是英语，但公司里英语好的人也不多，于是佟露的特长便发挥了作用。在她与意大利客户沟通的过程中，对方提出要去广东的工厂看货。佟露就将这个事情反馈给了公司并得到了公司的许可。然而，这个时候，佟露并不知道，在她的身边潜藏着一个想要抢夺成果的人，一个事事留心向她打听的女同事。

公司里很多同事都去工厂看货，唯独佟露因为一些事情走不开。意大利客户到广东的第二天，因为人生地不熟，给佟露打了一个电话，要求佟露的同事去接他。这一接，就没了音信。按照常理，工厂应该先给佟露一个报价，再由佟露转告给意大利客户。一直以为这桩生意打水漂的佟露后来去工厂一转，却看见了这批已经交工的货，这说明生意是成功的。得知真相的佟露很惊讶，自己辛辛苦苦操持的生意怎么就从手里飞了呢，而且还是一笔几百万的订单。后来她才知道原来是那个女同事搞的鬼，她从工厂里直接拿到了报价，然后再将报价给了意大利客户所在公司的中方经理，这桩生意就在佟露完全不知情的情况下悄悄达成了。

最后拿到提成的当然是这个女同事，佟露觉得气不过也曾当面问起她这个事情。女同事很尴尬地转移了话题，也默认了自己抢功劳的事。佟露虽然是新人，但是在这个事情上却很有自己的想法。她勇敢地给老板写了一封邮件，在工作总结中加上了这个事情。而她也真的要回了一部分提成。佟露说，如果自己不去争取的话，可能这提成也就没有了。

在职场中，这个问题的确有些让人不快。如果以强硬的态度去处理，别人会误解你把名利看得过重；如果一直忍让，自己实在觉得不公和委屈。如何巧妙地处理这类问题呢？有几点建议可供参考。

（1）不能气急败坏，要沉着应对。人说忍无可忍，无须再忍。由于职场上很多人个性善良忠厚，很多时候即使吃亏了还是自己忍耐，所以不能寄希望于抢功的同事某天会自己觉悟，如果你继续忍让，继续因碍于情面而听之任之，他（她）肯定会更加肆无忌惮。所以，要与其交谈，不回避问题。

（2）对问题进行具体分析。该同事是经常抢你的功劳还是偶尔一次？是经常抢别人的功劳还是只抢你的功劳？如果偶尔一次，而且事情也不是特别重要，那么就退出争夺战。如果他（她）经常这样对你，那你得想办法去直接面对了。如果他（她）对别人也这样，你可以和其他同事一起商量怎样改变这种状况。

（3）和该同事单独面谈，建议进行一次面对面的讨论。这是很重要的，这能让你有机会再次含蓄加强一下你的真正意思：这主意是我想出来的。不管结果如何，至少让对方清楚你对其行为是不赞赏的。

（4）必要的时候还可以和单位领导做些沟通。向领导说明自己的想法，拿出一些证据，证明主意是自己想的，同时表明自己的立场：自己最终的目的是为了公司，主要是自己的想法能得以采纳并能对公司有所贡献，谁受到表扬都没有关系。

（5）如果涉及个人的很有创意的想法或成果，要学会自我保护，尤其是涉及知识产权时，要有保护意识。这是正当的合法的权利。

要记住会哭的孩子有奶吃。所以，你做了什么，就应该理直气壮地让人知道，没有必要有太多的顾虑。最后一招，就是在万不得已的情况下，与对方摊牌还是有必要的，让别人知道你有你的原则，你有你的底线。同事之间天天见面，和谐相处当然很重要。但是这样做的同事，如果约法三章都不奏效，甚至还恶人先告状的时候，你就不能再忍了！

总之，记住孔夫子说的话，"以直报怨，以德报德"，要把你的气概和正义感拿出来，保卫你自己的合理利益，你不会失去同事的友谊，相反，你会得到他们的尊敬。因此，一定要学会保护自己，捍卫自己的劳动成果。

7. 怎样获得上司的赏识

上司在你的职业生涯中有着举足轻重的作用，虽然自身的努力也是相当重要的，但是如果不能与上司"搞好关系"，有时候他的一句话就能让你长久的努力化为烟尘。所以，身在职场的你，就不得不学习如何获得上司的赏识。想要得到上司的器重，不能只靠勤奋踏实的工作态度，以及加班加点的体力劳动，只要你充分发挥你的聪明才智，要获得上司的赏识并不难。

1. 学会和上司做"朋友"

许多人心目中都有"上司要敬而远之"的观念。其实上司也是人，也需要伙伴。没错，虽然有些人喜欢摆"上司架子"，但其实大部分都想跟下属打成一片。与上级说话时若老是诚惶诚恐，反而令印象分大打折扣。尝试着把上司当作朋友，这样可以搞好关系，当然相处时要懂得分寸，别因过分"老友"而不分尊卑，令对方丢脸，导致自己饭碗不保！

2. 懂得提问

不要假装什么都知道，问一些经过深思熟虑后的问题以帮助自己弄明白。如果觉得是公众场合不方便，那就在彼此的私人空间里完成它。如果你身处一个团队之中，信息的分享至关重要，别人问你的时候，千万不要隐瞒。

3. 谈话技巧

身体语言与说话声调是给人好印象的第一要素。如果老板说话的语气非常柔和，你就得避免粗声大气地和他说话。学会用对方的音频和语言状态沟通，能帮助你与之达成和谐的境界。

4. 了解上司

了解上司的性格是你发展社交关系的一大助力。如果你刚接受新工作，多向同事了解老板的习惯和要求，搞清楚他是幽默风趣型，还是与下属保持距离型。

同时，尽量不要拒绝别人的社交邀请，以免给人造成孤僻、不合群的印象。你必须注意，当上司在场时，喝醉酒可不太恰当，千万别做出让自己后悔的举动或决定。与人相处是一门学问，这与你熟悉自己的工作同等重要。

5. 会议手段

有一位心理学家说过："当你与老板一起出席会议时，座位的选择是非常重要的。一般情况下，请记住坐在他的左边。因为对他而言，右边是具有控制性及竞争性的，所以你应该坐在左边，表示服从他的意愿。"

同步性也是会议中重要的一环。当老板身体向前倾时，或当他把手放在桌上时，请你一一照做，暗示你与他的一致。

另外，抛开顾虑、冒着顶撞上司的危险在会议上发表意见，可能会带给你意想不到的好处。比如说，老板误会了某件事，你适时地委婉指出，而不是让他继续误会下去，这能让他觉得带你参加会议可以全然地放心。

6. 要各"司"各法

每个人的性格都不同，所以不能以同一手法来取悦不同的上司。有些喜欢务实实干，有些却偏爱嘴甜舌滑的下属。但无论你的上司是哪一类人，却总爱听漂亮的说话。经常由衷地称赞一下上司的衣着品位、处事手法等，没有几个人能抵抗得住这些易入耳的话。即使你不是他心目中的完美员工，试着投其所好，也可以重新塑造你在他心目中的形象！

7. 彰显上司的精明

每个上司都希望有精明能干的下属、得力的助手。但为人下属最忌功高盖主。倘若锋芒毕露，就容易招人妒忌。所以，发挥你的才干之余，亦不要忘记将功劳归功于英明能干的好上司！

8. 不失时机送赞美

赞美的话上司肯定爱听，所以要想获得上司的赏识，就要抓住时机赞美上司。比如：早上上班的时候，夸赞一番上司得体的穿着、良好的精神面貌；在碰到客户投诉时请上司出面解决，不仅可以增加你的经验，还可以在事情解决后当着上司的面说一番夸奖之词，这样的下属，相信每个上司都会喜欢。

9. 节日问候、拜访

逢年过节到上司家中拜访，表示敬意。因为要获得上司的赏识，他的家人就是一大突破点。如果上司留你在家吃饭，就要乘机将上司夫人的手艺大肆赞扬一番。如果不去家中拜访，可以打电话或者发个幽默的祝福信息，这些小事都能让上司感受到你的诚意。

如果工作是你的生命，上司就是审判官。每个人都希望得到上司的认可，并能长时间地保住自己觉得还不错的工作，那么就不能只知道埋头苦干。也许你的成绩能够让上司偶尔夸奖一下，但是这样的你始终不能走进上司的心里。所以，你一定要时不时地与上司进行"交流"，让他将你深深刻进脑海，再加上你出色的表现，相信升职加薪的时候，上司一定会想到你。

8. 干了活还受气怎么办

职场中经常会碰到这样的老板：脾气暴躁、挑剔苛刻、心情不好喜欢在下属身上撒气。当你拿着自己熬夜赶出来的计划书，放在老板桌上时，他只是粗略地看了一遍就将你骂得狗血喷头，觉得你没有认真去完成这份计划。相信任何人在这个时候都会觉得心里难受，自己那么拼命赶出来的计划却遭到了全盘否定，还莫名其妙受了一肚子窝囊气，实在是让人难以忍受。

其实有时候，老板并不是刻意找你的碴儿，只注重工作成果的他并没有去想你为了完成这次的任务所遭遇的困难。其实这和自己也有很大的关系，如果你及时向上司汇报工作，他就能够及时指出你的错误，让计划得到进一步完善，哪怕最后还有一点瑕疵，老板也不会鸡蛋里挑骨头，更加不会责骂你了。

杜拉拉工作的时候就遇到过这样的问题，开始的时候，她就本着尽量不给老板找麻烦的原则，尽量不把难题交给他，很多困难都自己想办法解决。但是这样做的结果，就是她的老板开始轻视她，因为他根本就不了解工作的难度。

于是，杜拉拉改换了工作策略，不再自己埋头苦干，而是开始有意识地让老板知道她的工作难度。首先，遇到问题的时候，她虽然还是自己想办法解决，但是她不会默不作声，而是会先带着自己的解决方案去找老板沟通。在与老板沟通的过程中，她会尽量挑一个他比较清醒而不烦躁的时候，单独地只讨论某一方面的一个大的困难。她要让老板了解困难的背景。等他听了头痛的时候，她再说自己有两个方案，他就很容易在两个中挑一个出来了。由此，老板不仅认识到了她工作中遇到的困难，还对她的能力有了新的认识。

其次，杜拉拉会及时向老板汇报自己的工作进度，就算过程顺利，也要让他知道进程如何，从来不等老板来问结果。这样，老板就会觉得把工作交给杜拉拉非常放心，执行力绝对没有问题。

此外，杜拉拉在需要和别的部门的总监们，或者和总裁、副总裁一起工作的时候，她特别注意清晰简洁而主动的沟通，尽量考虑周到。写E-mail 或者说话，都非常小心，尽量避免出现有歧义的内容，基本上没有出现总监们抱怨她的情况，这样一来，老板就觉得她很牢靠，不会给她找麻烦。即使后来杜拉拉的工作做得不是那么完善，不过因为已经事先知道了杜拉拉所付出的艰苦努力，也了解了任务的难度，老板也不会盲目批评了。

很多时候，你的上司是只管下达命令、布置任务，并不直接参与你要做的事情。而最关键的事是，一件事说起来和做起来完全是两码事。你可以用两句话来描述一件事，但实际做起来，可能就需要两天甚至两周。确切地说，这其中的具体困难，只有你自己知道。如果你只是埋头苦干，你的上司哪里会知道你遇到了很多困难，又哪里会知道你想尽了办法去克服呢？他以为那不过是一件简单的事情，怎么现在还没完成？你一天到晚都在忙什么呢？这样，你可不就是干了活还受气嘛。

很多时候，人们都认为只要自己勤奋踏实、出色地完成工作任务，上司就一定能够看得到自己的成绩，做到心中有数。却从没想过，老板根本不会花那么多的时间去记住你和你的"功劳"，他注重的只是事情的结果，如果你不能达到他想要的结果，你的工作就是费力不讨好。

所以，聪明人一定要及时让老板知道你为公司带来的利益，以及在创造利益的过程中所遭遇的艰难险阻，还有你解决问题的能力。如果你的老板没有时间听你当面汇报工作情况，那么你可以采用书面形式向他报告。千万不要等老板主动来问你，否则，一旦出现不好的结果，你就只有受气的份。并不是每个上司都独具慧眼，能够在众多的下属中发现你的优秀，与其被动地干活受气，不如主动和老板沟通，表现自己，得到老板的表扬和认可。

9. 尽量少说"不知道"

工作的时候,你的上司难免会问你一些问题,不管是工作上的还是与工作无关的。也许有时候他问的问题不是我们熟悉的专业问题,或是自己感兴趣的问题,但是不管你知不知道,都不能对上司说"我不知道",这在上司看来,会是一种搪塞,也是你敷衍他的表现,因此,在他心目中,你的形象就会大打折扣。

在与上司交流沟通的时候一定要掌握技巧,即使他问的问题你真的不知道也不要直接回答,可以以诱导的方式让上司自己说出答案,或者巧妙地掩饰过去,因为老板有时候也只是随口一问,但是如果你说"不知道"的话会让他感到非常无趣,恐怕以后你和上司"交流"的机会就会很少了。

杨琦的顶头上司王越是个超级的足球迷。一天早晨上班时,电梯里恰好只有他俩,王越突然问杨琦:"昨晚切尔西对曼联队,那个球是谁进的?"原来昨晚王越看英超联赛时,家里突然来了客人,等到送走客人,球赛也结束了。

听到王越的问题,对体育丝毫不感兴趣的杨琦脱口而出:"我不知道。"王越什么也没说,就走出了电梯间。从那之后,杨琦发现王越越来越不待见自己,向他请示工作时表情非常严肃,和他打招呼也爱搭不理的。

刚开始的时候,杨琦对王越的这种态度只是感到纳闷,不知道自己究竟怎么得罪了王越,最后她终于明白了,自从说了那个"不知道"之后,他对自己的态度就发生了翻天覆地的变化。

"又不是人人都对足球感兴趣，我不知道也很正常啊，又不是工作上的事，就算是工作上的事情，我有不知道的地方可以指点一下啊，至于摆脸色吗？"杨琦越想越郁闷，觉得自己的上司真是一个小心眼的人，在这种人手下干活真是倒霉，恐怕也不会有什么前途，渐渐地对自己的工作越来越不上心，决定有机会一定跳槽。

我们不能要求上司在任何情况下都要心胸宽阔，所以作为下属就一定要谨言慎行，面对上司的提问，一定不能说不知道。特别是刚刚步入职场的新人，对公司的情况不熟，对上司的个性也不是特别了解，因此遇到这样的情况时一定要表现得很主动、很机灵。在你确实不知道的情况下，你可以回答"我马上去查一下"或者"我现在就去问一问"，这样不仅给自己留了一条后路，也不至于给上司留下不好的印象，他反而会觉得你是一个热心的员工。

辛苦了一个星期，晓颜终于完成了手头的策划案，对于刚入职场的她来说，能够得到这样的机会，是非常幸运的。在周五的下午，她将这份策划案以电子稿的形式发给了总监，总监看完之后，对她的策划案还是挺满意的。

过了两天，总监让晓颜将策划案打印出来，晓颜当场愣住，小声地对总监说："上周五不是发给您了吗？"总监说："是啊，但是还是要把电子稿打印出来的啊。"晓颜说："我发给您之后就直接把电子稿给删除了，您那里还有吗？"

总监一听火上来了："你干吗要删除啊，我那里哪儿还有那份策划案啊。我天天要接那么多的东西，接完之后就直接删掉的。咱们公司的哪个人会像你一样，把做出来的东西随便删除的。"晓颜委屈地说："我又不知道，您又没告诉我您没有留底，我觉得发给您就可以了，所以就删掉了。""你傻啊，你不知道，不知道也不问一声，现在怎么办，一周的工夫白费了，真是成事不足败事有余。"

  公司里，上司向你提问是表示对你信任，你的回答也会让他感受到你的尊重，精明的上司更是会从你的回答中看出你是一个什么样的人。如果他觉得你是一个不错的人，有什么"吩咐"的时候，第一个就会想到你。因此，不管你是职场老手，还是初出茅庐的新人，你要把上司的提问看作一种机会，能回答的就回答，实在不知道的就去查资料、问同事，在这个过程中，你也会学到不少东西，这也是一种进步。

  职场中人，切忌说"不知道"，将这三个字彻底地从脑海中删除，主动去学习、去了解，你才能从中得到更多的经验和机会，等你有了丰富的经验，自然会得到上司的赏识，放心地交给你更多的任务。

第五章

说服不压服，让别人甘愿为你效劳

人与人之间有地位上的差别，因此在很多时候，地位高的人总是能够凭借着自己地位上的优势强迫他人为自己做事。然而，压服毕竟不能让对方心悦诚服，即使对方答应，也未必能够把事情做好。只有说服对方，让对方心甘情愿地为自己效劳，才能凝聚力量，取得事情的成功。

1. 耐心说服不压服

生活中，你常和与你意见相反的人谈话吗？你在家中，或是办公室，或是朋友聚会的时候，无论谈论什么，你都会想方设法让他人赞同你的观点、同意你的意见吗？其实这样做是不对的，一个真正成功的辩论家从不会当场和他人辩论，而会有理有据地让他人从内心臣服于自己的观念。一味地采用口头压服的方式，让人不仅不能接受你的说法，还会使他人更加坚持己见。所以，我们要想赢得他人的尊重，让他人从心底接受自己的观点，就要耐心地说服他人，而不是利用身份、权力乃至话语去压服。

一个工厂厂长见一个女工打饭没有排队，当场斥责她，并随口说出：罚款50元，限下午下班前把钱交上。次日上午9:00，他发现女工仍然没有交上罚款，就在广播里进行了通报，并加罚100元，限定上午12:00前必须交上，否则予以除名。

女工找到厂长，问他根据什么规定这样处罚和加罚，《劳动法》上有这样除名的规定吗？

下午，劳动局的领导来了，问清情况后，对厂长予以了批评教育。后来在职工选举大会上，该厂长落选了。

说服好比打仗，对方就是你要征服的对象，你要想尽一切办法使他投降。如果厂长能够耐心劝说女工，顾及女工的面子，不当场斥责，相信一定会让女工改正错误，自己也不至于在职工选举大会上落选。

说服别人时，不要只顾说自己的理由。要在说服对方之前，对对方的一些情况做深入的了解。对别人的思想、感觉、看法等了解得越透彻明白，就越可以使说服的语言更得体、更有效、更容易使人心悦诚服地接受，并最终打动对方的心灵。

电话机的发明人贝尔，有一次出门去筹款，他到一个大资本家许拜特先生的家里，希望许拜特先生能够对他正在进行的新发明事业投一点资。但他知道许拜特是一个脾气古怪的人，向来对电气事业是不感兴趣的。

他开始并未对许拜特说明预计能获得多少利益，也未对许拜特解释科学理论，据贝尔传记上的记载：他弹着钢琴，忽然停止了，向许拜特说，"你可知道，如果我把这脚板踏下去，对着钢琴唱出一个声音，这钢琴便也会复唱出这声音来。比如我唱一个DO！这钢琴也会应一声DO！这事你看有趣吗？"许拜特当然不懂其中的道理，他于是静悄悄地放下手中的书本，好奇地问贝尔，于是贝尔详详细细对他解释了和音和复音电话机的原理。在这场谈话结束的时候，许拜特心甘情愿地支付了一部分贝尔的实验经费。

贝尔的方法，其实是十分简单的，在讲筹款的事情之前，他先设法引起对方的好奇心，牵引了许拜特对于他及他的构想的注意，这是一种很有力量的策略。然而，在生活中我们经常看到或听到，一些有着奇思妙想的人在去寻求他人的资助时，最终的结果都是以失败告终，没有一个人愿意做这样的风险投资。其原因就是没有足够的耐心去引导对方，而是直接将自己的来意说明，结果当然就大相径庭。许拜特的钢琴，就是帮助贝尔完成筹资的唯一功臣，消除了他们不同的意见，使他们密切合作起来。

林肯说过:"不论人们如何仇视我,只要他们肯给我一个略说几句的机会,我就可以把他说服!"任何人都喜欢坚持相信自己已经相信的事物,而不希望别人来加以反对。凡是有人对我们表示反对的时候,我们一定要找寻许多的方法、许多的理由来辩解保护。

所以,你在说话的时候,如果一开始就说"我要证明这个,我要证明那个",绝非是聪明的做法。因为你要说服的一方会很严肃地认为,你不是在寻找合作的对象,而是在对他们进行训话,自然不会达到你想要的结果。假设你一开始就着重讲一些对方愿意听从的意见,然后再提出对方所乐于解答的问题,说服起来就会顺利得多。当你采用此策略与对方进行探讨问题时,再将自己所要表达的事情陈述出来,让对方在你的精辟论述以及事实的说服下,迅速赞成你的观点,这样你就达到了说服的目的。

一个人想要说服他人,没有足够的耐心是完全不行的。当你的观点不被他人赞同时,一定不要过于心急,说服高手一定要在说服的过程中寻找足以让人信服的观点,不能在你的强压下让他人"屈服",耐心是说服的"润滑剂",只有你倾注足够的耐心,才能最终得到他人的赞同。

2. 巧用问话的方式说服

和别人谈话的目的就是为了让别人从心底接受你的观点,要想让别人接受就必须把话说到别人的心坎上,这就是所谓的攻心。在和别人谈话的时候,大多数人都会对自己的观点反复强调,希望别人能够记住,其实，有时候一味地强调并不能达到很好的效果，如果以问话的方式进行诱导，往往能起到事半功倍的效果。

正面说服、循循善诱在说服的过程中起着决定性作用，下面我们来看几个相关事例，相信你可以从中学到诱导攻心法的诀窍。

1. 逼迫问法

秦宣太后在宫中守寡，与大臣魏丑夫暗中勾搭，情投意合。后来太后病重不起，临死前感到离不开魏丑夫，就命令魏丑夫陪葬。

魏丑夫听说此事吓得面无人色，到处托人说情。大臣康芮自告奋勇去见太后，一见面就说："死人还有知觉吗？"

太后支支吾吾地回答："没有知觉。"

康芮说："既然没有知觉，为什么还要把生前所爱的人活活弄到坟墓里同死人埋葬在一起呢？再说，如果死人有知觉，那么在阴间的先王积怨也应该很久了。太后到了阴间连请罪还来不及，哪有什么空儿去与魏丑夫相好呢？"

太后沉吟了半晌，咬咬牙说："罢了。"

康芮以死人是否有知觉为前提一开始就将太后逼到了没有退路的地步，然后采用顺势问话迫使太后放弃了陪葬的主意，这种说理方式显然是值得今人好好学习继承的。

2. 顺势问法

宋神宗时，孙觉出任福州知州，有一些贫苦人因拖欠官府的钱而被送进监狱。孙觉非常同情他们，当时正好有一些富人想出大钱来整修佛殿，富人们向孙觉请示。孙觉想了想说："你们施舍钱财，为的什么？"回答曰："愿意得福。"孙觉说："佛殿没怎么坏，菩萨像也好好的。假若用这些钱为关在监狱里的人偿还他们所欠的官钱，使之脱离枷锁之苦,那样所得的福岂不更多吗?"富人们不得已只好答应了。就这样,孙觉从施舍钱财这一角度出发,将捐钱的目的顺势引到了救人积福方面,使富商们无话可说,解救了不少人的危难。

3. 启发式问法

俄国十月革命刚刚胜利的时候,许多农民怀着对沙皇的刻骨仇恨,坚决要求烧掉沙皇住过的宫殿。别人做了多少次工作,农民都置之不理,非烧不可。最后,只好由列宁亲自出面做说服工作。列宁对农民说:"烧房子可以,在烧房子之前,让我讲几句话,可以不可以?"

农民说:"可以。"

列宁问道:"沙皇住的房子是谁造的?"

农民说:"是我们造的。"

列宁又问:"我们自己造的房子,不让沙皇住,让我们自己的代表住好不好?"

农民齐声回答:"好!"

列宁再问:"那么这房子还要不要烧呢?"

农民觉得列宁讲得好,同意不烧房子了。

列宁采用的这种"启发式问话"方式,使农民从对沙皇的仇恨中解脱了出来,同时放弃了原来的想法。

上面的政治家们在说服他人的时候都巧妙地采用了问话的方式,不仅问得巧妙,而且在问完之后还根据对方的回答进行了进一步的论述,让对方不知不觉走进了他们的话语圈套,几句话就牢牢地掌握了谈话的主动权,让对方在不知不觉中就被说服了。

3. 善意地给对方绝望感

在说服他人的过程中，满足他人的需求并不是万应药方，有时他们提出的要求并不一定正确，而说服者给出的答复，他们也并不一定愿意接受。因此，需要给说服对象"绝望感"，即指出他们原来思想行为可能产生的不良后果，从而使他们放弃对这种需要的追求。当然，只有事实摆得越充分、分析得越细致，说服效果才越好。

一些人在推销节油汽车时，一见顾客就开门见山地说明这种汽车可以为顾客节省很多汽油等等，结果往往会招致反感，吃闭门羹。彭锦添却有他的一套独特的方法。

彭锦添常常会这样开头："先生，请教一个你所熟悉的问题，也就是增加贵店利润的三大原则是什么？"

老板对这种话题肯定十分乐意回答。他会说："第一，降低进价；第二，提高售价；第三，减少开销。"

此时，彭锦添就会立即抓住第三条接下去说："你说的句句真言。特别是开销，那是无形中的损失。比如汽油费，一天节约20元，你想过这个数字积累下来有多大吗？如果贵店有3辆车，一天节省60元，一个月就有1800元。发展下去，10年可省21万元。如果能够节约而不节约，岂不像把百元钞票一张张撕掉，一共撕掉2100张。换句话说，这么大的开支无形中从你的金库中被提出来，更何况这21万元不是从营业额而是从盈余额中开支。如放在银行，以5分利计算，那等于240万元本金存一年的利息，不知老板高见如何，有没有节油的必要呢？"

听了彭锦添的话，对方就会自觉地想到不能维持现状，而要设法用节油车以解除这种恶劣情况，最终购买他的节油汽车。

彭锦添给对方制造了"绝望感"，对方就自觉地想到不能维持现状，而要设法用节油车以解除这种恶劣情况。在这个时候，彭锦添再乘机推销自己的汽车，顾客自然而然就会购买。这种绝望进攻术常令对方感到情况严重，产生绝望感，而乐于接受说服者的观点，有很好的说服作用。

钱程很想开一家旧书店，而他的好友很难说服他，于是搬来了他的师傅。这位老师傅先向钱程自称，自己已到过一家最大的旧书店做过调查，书店老板作为内行人谈了许多经营之难：

"外行人要搞这种生意非常之难，至少要有30年的经验。因为外行人多半是把自己感兴趣的书籍上架，失去了一大批顾客。此外，如买进难得的书，由于新手不懂得定价，一些卖旧书的同行就会来全数购去。当你认为畅销而暗自欣喜时，书架渐渐空了，而同行则在转手中卖出高价。特别是全集书，至少要用10年，才能以适当价钱购进。什么书是现在所需要的，什么书现已重版，这些行情，也要通晓。还有一点就是丢书，特别是辞典一类的工具书，一被偷就是一笔钱……这些不过是打听回来的。当然你不一定会遇到，你也不必担忧。但你既然要做这行生意，不妨考虑一下。"钱程听了老师傅的一番话，脸色变青了，闭着眼睛，感到了绝望，终于放弃了自己的想法。

绝望进攻术是一种破釜沉舟、班师在后的技巧，有"实"有"虚"。所谓"实"，是指眼前可能产生的恶劣情况；所谓"虚"，是指长远才产生的恶劣情况。因此，在说服他人的时候，适当地给他人制造一点"绝望感"，具有较好的说服和论辩效果。

4. 说服说在点子上

你费尽口舌去说服他人，就是因为他人所持的意见与你相左。如果想要别人接受你的观点，漫天不切实际的话语是不能让他人诚心接受的，所以，劝服他人也要把话说在点子上。不同性格的人，要用不同的方式来说服。

比如性格温和的人，我们可以采取迂回说服的办法，因为这种人往往很自负，虽然表面上像是同意了你的观点，但其实心里并没有真正的服气；而性格固执、倔强的人，就更不容易改变他的观点了，对于这类人，我们只要对症下药，抓住对方的要点，就能速战速决了。所以在说服别人时应该抓住对方的心理、性格等特点，不同的人用不同的方法，这样才能有所成效。

1948年冬，人民解放军为保护历史名城北平，也为避免流血牺牲，敦促傅作义将军举行和谈。但是他犹豫不决，下不定决心。刘存同老先生当时是他手下的少将参议，受我地下党员杜任之的委托，决定说服傅作义将军。

刘老先生语重心长地对傅作义说："宜生，是当机立断的时候了，一定要顺应人心，和平谈判，万万不可自我毁灭，万万不可。"其实，傅作义是有和谈的想法的，只是他顾虑怕自己被看成叛逆。

刘老先生知道了这个症结后，就有针对性地开导他，讲了我国历史上商汤讨桀、武王伐纣的故事。他说："汤与武王是桀、纣的重臣，后人不但不称汤与武王是叛逆，反而赞美他们深明大义。忠，应该忠于人民，而非忠于一个人。目前国事败坏成这个样子，人民流离失所，处在水深火热之中，人民希望和平。如果你能顺应人心，倡导和平，天下人会箪食壶浆来欢迎你，谁还会说你是叛逆？"

刘老先生这番话，设身处地为他的前途着想，入情入理，双面夹击，终于使傅作义将军下定决心，答应举行和平谈判，为和平解放北平拉开了帷幕。

做事要有针对性，说服他人更是如此，不能什么都没弄清楚就去劝说，这样根本无从劝起。弄清对方的问题所在，针对症结申明利害，以理攻心，这样就能取得很大的成效。对症下药，将自己的观点和意图一步步慢慢地注入对方心里，只有对方心甘情愿地同意自己的观点，才是真正的说服。

因此，在劝说他人的时候一定要搞清楚事情发生的缘由，如果胡乱医治，不仅自己闹笑话，还会让他人心里不是滋味。同样地，在别人不同意你的观点时，一定要有自己的想法和意见，你要说服他，就要搞清楚对方坚持己见的原因，只有知彼知己，才能百战不殆。

一家工厂精简机构，秦梅从传达室被精简到了车间，她非常生气。认为是厂长有意整人，还要求厂长立即给她办理病休手续，要吃劳保。厂长给她讲道理，她一句也听不进去。

车间主任也是女的，这天，她看到秦梅又要去找厂长闹，就叫住了她说："大姐，咱姐妹俩关系不错，来，到我这儿坐坐，有几句贴心话我想和你唠唠。"

秦梅一落座，就喋喋不休地把自己的"理"抖落了一遍，反正一个意思，叫她下车间是厂长有意整她。等她说完了，车间主任说："大姐啊，你说厂长整你，我觉得是你多心了。厂长初来乍到，和咱无冤无仇，怎么会整你呢？这次精简机构下去20多人，你们传达室也下去了三个人，不只你一个，我看厂长绝对不是和哪一个人过不去。要说呢，这些年你在传达室工作轻车熟路，下车间劳动肯定比在传达室要累。可话说回来，累也不是咱一个。就说新厂长吧，50多岁了，比你还大几岁，不也照样下车间去干活？他图的啥？再说，精简后，传达室过去三个人现在剩下两个人了，两个人干五个人的活儿，肯定也不像以前那么轻松了。你说是不，咱下到车间后，干活虽然累点，可是多劳多得，这不比在传达室里拿那几个死钱强吗？"

  车间主任边说边观察她的表情变化，看到她的脸色不那么阴沉了，车间主任又继续说道："大姐啊，你一时生气，要吃劳保可是太不合算呀！你今年48岁，差两岁就该退休了。如果你现在吃劳保，那退休后的工资只能拿70%，你不就吃大亏了，你想想，咱辛辛苦苦干了一辈子，就差这么几天就熬不下来了？大姐，你好好想想，看我说得有道理吗？"

  第二天，秦梅就穿上工作服到车间去了，她拉着车间主任的手激动地说："主任，这最后一步差点迈砸了，多亏你了。从现在开始，我就听你的了！"

  说服他人，如果击不中要害，长篇累牍只会让人感到厌烦，说再多的话，浪费再多的时间，也是无用功。因此，想要成功说服他人，前提就是要找准着力点。所谓好钢要用在刀刃上，只有把话说到了点子上，才能达到实际效果。说服是一门很高的艺术，即使是巧言善辩的人，如果不对症下药，想要他人对你的观点信服，也是根本不可能的事情。

5. 攻心为上的说服策略

第二次世界大战发生的时候，美国政府号召大量的青年到前线参加作战，但是过惯了安逸日子的青年们担心自己的生命会突然消失，于是没有一个人愿意响应号召，纷纷抵制。负责征兵事宜的俄亥俄州的地方行政长官被参谋长联席会议主席训斥得灰头土脸。他无可奈何地表示：虽然自己已经想尽一切办法说服他们，但是即使是口干舌燥，也没有将那些懦弱怕死的青年们说动。就在他快要崩溃的时候，有人向他介绍了一位大名鼎鼎的心理学家。

经过一番精心准备之后，心理学家信心十足地来到了征兵现场。面对台下东张西望的青年时，他首先沉默了五分钟，然后用浑厚的男中音开始进行演讲："亲爱的孩子们，我和你们一样，特别珍惜自己的生命。"

青年们见他颇有学者风度，说话又符合自己的胃口，便开始安静下来听他讲话。

"首先我要提醒大家，热爱生命是无罪的，因为我们每个人都只有一次生命。凭良心说，我同样反对战争、恐惧死亡，如果要求我到前线去，我也会和大家一样想逃避这项命令。

"但是，我也存在另外一种侥幸心理：如果我真的参加了新兵训练，也可能有一半的概率不会上前线作战，有可能留在后方做勤杂工作；即使上了前线，直接作战的可能性同样也只有一半，因为说不定我会成为某长官的左右手而留在安全地区；如果真的不幸必须扛起枪，受伤的可能性也只有一半；即使不幸受了伤，如果只是轻伤也不会威胁到生命，因此，我实在没有必要担心；如果真的受了重伤，还有可能在医生的救治下痊愈；就算真的运气不好，不幸为国捐躯，那么亲人和朋友也会替我感到骄傲和自豪，政府不但会授予我的父母一枚最高的勋章，还可以得到一大笔抚恤金。我的孩子们也会崇拜我，将我看成英雄。而我，一位伟大的战士也会进入天堂，来到慈祥的天父身边，说不定还会见到万人敬仰的华盛顿将军。"

到这里，心理学家的演讲就结束了，原先极力反抗的青年们开始了思考，最后都表示愿意去赌一把。青年们之所以会动摇就是因为心理学家假设了那么多"侥幸"，有的是希望自己当上英雄，也有的是想到即使为国捐躯了也可以为家人赢得一笔丰厚的抚恤金。总之，心理学家摸清了青年们的弱点，将他们成功说服了。

其实，心理学家只是掌握了别人心中的软肋，这也是人性的弱点，用操纵感情的方式打赢了这场心理攻坚战。就好比催眠术一样，首先瓦解对方坚固的防御，再进一步探明了他们内心深处的需求，然后再用假设的方式将他们一步步引入了自己预先布下的"迷魂阵"中，巧妙地让青年们答应了上战场的要求。

一位有名的律师接手了一个错综复杂的案件，这个案件牵扯到了很多有权有势的人物，如果他贸然为无辜的被害人辩护，一定会遭到报复。所谓明枪易躲，暗箭难防，在这种情况下如果他不能想出自保的策略，很可能还没打赢官司，就从这个世界上消失了。

为此，他伤透了脑筋。在开庭的前一天，他终于想出了一个完美的策略。开庭之前，他对赶来采访的记者以及旁听席上的观众们说道："在这个案件审判完之后，如果我遭到了无辜的陷害或是被人冠上了什么罪名，一定是有人对我怀恨在心而刻意地报复；如果我走出法庭之后神秘失踪或者被人谋杀了，请大家从我今天的辩护内容中去寻找线索。"记者们把他的这段话登在了报纸的头版，就算对方有权有势，也不敢轻易动这位律师分毫。

这名优秀的律师用几句警告似的语言让整个局面扭转。他事先说出了对方的不良企图，即使对方想要报复他，但是又害怕矛头指向自己，只好作罢，在控制了对方心理的同时保障了自己的人身安全，可说是一招绝妙的"攻心术"。

在说服别人的过程中，如果非要坚持自己的观点，试图将自己的想法强加给他人，只会让对方产生反抗和厌恶的心理，结果往往会适得其反。如果一开始就顺应对方的想法和需求，再有意无意地将对方引到你的观点上来，才能最终达到说服他人的目的。

6. "将心比心"是最好的说客

我们常常会有这样的感觉，当别人试图说服你的时候，你通常会觉得对方根本就不理解你，不懂你的心情，不了解你的感受，不懂得站在你的角度看问题，所以你无法接受对方的任何建议，甚至他说了什么你也懒得去听。

那么同样地，当你试图去说服别人，给别人提建议的时候，如果你不站在对方的角度去看问题，别人也无法接受你的任何观点。如果这个时候，你能换个角度，让对方觉得你是他的"自己人""同类人"，那么对方会感到他自己被理解，因此改变最初的逆反、防御心理，慢慢地接受你的观点。

有一家精密机械工厂计划生产一批新产品，因时间紧迫，于是将部分部件委托给一个小工厂加工。当小工厂将零件的半成品送到总厂时，质检全部不合格。由于这一批产品急需打入市场，总厂负责人要他们尽快重新加工，但小工厂负责人认为他们完全是按总厂的规格加工而成的，不想再耗时耗力重新加工了。

双方僵持了许久，总厂厂长看到了这种局面，问明原委后，便对小厂的负责人说："我想这件事完全是由于我们在设计方面没有考虑周全所致，而且还令你们吃了亏，实在是很抱歉。幸好你们今天将这些零件送了过来，正是由于你们的帮忙，才让我们及时发现了问题，只是事到如今，咱们现在要做的就是尽快将产品改进，打入市场，这样才能尽快地为咱们双方带来更多的利益。你们不妨再花一些时间，将它们加工得更完美一些，这样，我们得到的好处就会更多。"小工厂的负责人听了厂长的一席话，欣然应允。

说话讲究的就是一种技巧，一般来说，在你和要说服的对象较量时，彼此都会产生一种防范心理，尤其是在危急关头。这时候，要想使说服成功，你就要注意消除对方的防范心理，消除防范心理的唯一方法就是将心比心，它能使你具有了解对方的情绪与心意的能力，使你具有支配他人的力量。站在他人的立场上来分析他人的问题，能给他人一种为他着想的感觉，这种投其所好的技巧常常具有极强的说服力。

韩天林是某商店的销售人员，他很会做生意，他的营业额比一般销售人员都高，其他销售人员问韩天林："是什么原因，让你生意兴隆呢？难道只是因为你能说会道吗？"韩天林回答说："当然不只是这样，我还有一样秘密武器，就是将心比心和顾客站在一起。"没错，把顾客当成自己人，顾客自然愿意买你的东西。

有一天，一位顾客站在柜台前打量了半天，还不时用手摸摸摆在柜台上的皮鞋。凭经验，韩天林判断出这位顾客还是有心想买这双皮鞋的，于是赶忙迎上前去说："这双皮鞋是很不错，但就是皮子硬了一点，我要是您，就不买这一双，而买那一双。"说着，韩天林又从柜台里拿出另一双皮鞋，展示给顾客看，并介绍说："一看您就像是机关里的干部，年龄和我差不多，穿这双鞋会更美观大方些，而且这一双比那一双价钱还要便宜点。您试一试，看看喜欢不？"

顾客见韩天林如此热情，居然帮自己选皮鞋，挑毛病，于是不再犹豫，买下了韩天林推荐的那双皮鞋。

说服对方的一种简单方法，就是和对方交换一下你们所处的位置——将心比心。让对方暂时扮演你的角色，从对方的话语中，获得你想要的东西。这种办法可以说是先暂时将自己交给对方处置，让对方站在你所处的立场说话，再在谈话中发掘对自己有益的东西。

当你想要钓上一条鱼的时候，就要考虑鱼是怎么想的，知彼知己，自然能百战不殆。聪明的人都是善于揣摩别人心理的人，能够猜准对方心里怎么想，站在对方的角度去考虑问题，才能做出相应的反应。要想得到别人的认可又少走弯路的话，就要从对方的立场出发，了解他的心理、了解他的难处、了解他的需求，这种说服方法最容易使对方接受，从而达成统一认识。

将心比心，站在别人的立场去思考，对你的说服工作会起到事半功倍的作用。所以，无论对朋友、顾客还是领导、同事，你都要学会运用将心比心的技巧，这样你就会赢得别人的信赖，从而就能更有效地说服别人了。

7. 沉默恰到好处，说服无声无息

自古以来，中国的政治家，多多少少都以"不言之言"作为最理想的说服方法。《史记》中有句名言，叫作"桃李不言，下自成蹊"。桃李虽然默默不语，但由于会开出美丽的花、结出可口的果实，所以人们自然喜欢接近它们，而在树下形成小径。这是比喻一个人若能诚信待人，就无须开口说道，别人自然能在暗中就受其感化之意。

沉默有它独特、无与伦比的力量。所以老子说："真正的雄辩与讷言相同。"西方人说："争辩是银，沉默是金。""不言之言"这句话出自《庄子》，指人以沉默的方式来说服别人，即是使用无言战术来达到目的。战国时，秦昭襄王第一次召见范雎时，范雎所采用的便是这种沉默的说服法。

当时秦昭襄王在位已36年，但国家军政权力依然掌握在母亲宣太后和叔叔穰侯手中，使得昭襄王无法独立操政，实行变革。范雎就是在这时到达秦国的，他先给昭襄王上书，说自己有办法使秦国强大，还暗示了如何处理昭襄王与宣太后及穰侯的关系问题。昭襄王于是召见范雎。

到了召见那天，范雎故意事先在接见的地点四处闲逛，昭襄王驾到时，侍臣看到有人在附近闲逛，便喊道："大王驾到，回避！"范雎这时故意提高声音说道："秦国哪有什么大王，只有宣太后和穰侯而已！"这话正好击中了昭襄王积压在心中许久的心病。他有些不安地接见范雎，对他说："早该拜见先生的，只是政务烦心，每天要去请示太后，所以拖到现在。我生性愚钝，请先生不要客气，多加教诲。"但范雎一言不发，若无其事地向四周顾盼着。

大厅内静悄悄的，气氛十分凝重。左右群臣们都有些不安地注视着事态的发展。昭襄王猜想可能是由于众臣在场，范雎有所不便，就屏退众臣，但范雎仍然一言不发。昭襄王于是又问道："先生用什么赐教于我？"范雎开了口，说："是，是。"停了一会儿，昭襄王又一次请教，范雎仍只是说："是，是。"如此重复了好几次。后来，昭襄王长跪不起，说："先生不肯指教我吗？至少也该解释一下一言不发的理由吧！"

这时，范雎才拜谢道："不敢如此。"于是滔滔不绝地谈下去。他谈的主要内容即著名的"远交近攻"策略，同时谈及太后、穰侯等人独断专权、架空昭襄王一事，并提出应对策略。秦昭襄王听了范雎的话之后，十分赞赏，马上任命他为顾问。几年后，又让范雎做了秦国宰相。后来他对范雎说："过去齐桓公得到管仲，时人称他为'仲父'；现在我得到您，也要称您为'父'！"

范雎别出心裁的说服方法，确有其妙不可言的独特效力。沉默使昭襄王屏退了众臣，也使昭襄王能怀着一种惊异而又专注的心理来倾听范雎的意见，并加重对他的敬重之意。由于在会见前，范雎已出其不意地点明了昭襄王忧心的事，所以不用担心自己不言而昭襄王会不再求问，正是有了这种十足的把握，他才敢采用沉默的方法。

说服他人并不一定要喋喋不休，急于用论辩的语言让对方接受，改正错误的观点。有时候，沉默比任何说服的语言良方还要来得有效。当你沉默不语，只是用坚毅眼神与对方对话时，会让对方有一种心虚的感觉，也许刚开始的时候，他还会理直气壮、滔滔不绝争辩给你听，但是当你长时间地都以沉默回应，并加上一点眼神的暗示，如果他是一个善于思考的人，面对你的沉默，他心中的想法就会有一个转变的过程："被我说服了吧，后面还有更精彩的呢！"得意过后，如果你还是沉默，他就会想："难道我哪个地方说错了吗？他怎么一直不回应？"这个时候就会开始怀疑自己的论辩,然后接下来就会想:"他一直不说话,我说了那么多,肯定都不对,还是问问他好了。"对方提出了疑问之后,你依然默不作声,此刻的他就会对自己的观点十分不肯定,到最后肯定会主动放弃,顺从你的观点。

整个说服的过程,一句话都不用说,沉默就很好地替你解决了。人的普遍心理就是这样,如果别人一直不回应自己的言论,就会自己先怀疑,直至最后放弃,这也正是说服者想要的结果。所以,沉默不仅是金,而且是一种说服的艺术。在说服他人的时候,适时地用沉默代替不休的言语,会有意想不到的效果。

8. 不要把意见硬塞给别人,"旁敲侧击"更使人信服

林肯说:"一滴蜜比一加仑胆汁能捕捉到更多的苍蝇,跟他人交谈时不要以讨论意见作为开始,要以强调而且不断强调双方都同意的事作为开始,如果可能的话必须不断强调你们都是为相同的目标而努力的,唯一的差异在于方法而非目的。"

每个人都喜欢拥有自己独立的思想,没有人喜欢接受推销,或被人强迫去做一件事情。人们都喜欢按照自己的意愿购买东西,或照自己的意思行动,希望别人在做事时征询自己的愿望、需求和意见,不喜欢别人妄作主张。但是有些人在做事的时候往往会忽略这一点,那是因为他们做事的时候,被一种占有和控制的欲望驱使着,总觉得自己的想法才是最正确最有意义的,希望别人都按照自己的意愿行事。但是这种一意孤行的做法不仅不会让你的愿望达成,反而会让大家离你越来越远,失

去与你合作的兴致。

费城的亚道夫·塞咨先生，突然发现他必须给一群沮丧、散漫的汽车推销员灌输热忱。他召开了一次销售会议，要求这些推销员，把他们希望从他身上得到的个性都告诉他。在他们说出来的同时，他把他们的想法都写在黑板上。然后，他说："我会把你们要求我的这些个性，全部都给你们。现在，我要你们告诉我，我可能从你们那得到什么东西？"回答来得既快又迅速：忠实、诚实、进取、乐观、团结，每天热诚地工作八小时，有一个人甚至自愿每天工作十四个小时。会议之后，销售量上升得十分可观。

塞咨先生说："只要我遵守我的承诺，他们也就决定遵守他们的。向他们探询他们的希望和愿望，就等于给他们的手臂打了他们最需要的一针。"

不同的人对同一件事会有不同的看法，所以，当你的意见与他人的想法产生分歧时，千万不要自以为是地把自己的意见强加给别人。尤其是那些身居高位者，更加不能因为碍于自己的面子，而不尊重他人的意见。

事实证明，事先征询意见比自己擅作主张，把意见强加给别人要好得多。用强制的方法，你永远得不到满足，但你用让步的方法，可能得到比你期待的更多。参考别人的意见，学习别人的方法，才能让自己不断进步，尊重他人的意见，采纳他人的意见，对双方都有好处，何乐而不为。

程志坤的工作是将新设计的草图卖给服装设计师和生产商。3年来，他每个星期，或每隔一个星期，都前去拜访纽约最著名的一位服装设计师。"他从没有拒绝见我，但也从没有买过我所设计的东西，"程志坤说道，"他每次都仔细地看过我带去的草图，然后说对不起，程志坤先生，我们今天又做不成生意啦！"

经过150次的失败，程志坤醒悟到自己一定是过于墨守成规，所以决心研究一下人际关系的有关法则，以帮助自己获得一些新的观念，找到新的力量。

后来，他采用了一种新的处理方式。他把几张没有完成的草图夹在腋下，然后跑去见设计师。"我想请您帮点小忙，"程志坤说道，"这里有几张尚未完成的草图，可否请您帮忙完成，以更加符合你们的需要？"

设计师一言不发地看了一下草图，然后说："把这些草图留在这里，过几天再来找我。" 3天之后，程志坤又去找设计师，听了他的意见，然后把草图带回工作室，按照设计师的意见认真完成。结果就是设计师买了他的作品。程志坤说道："我一直希望他买我提供的东西，这是不对的。后来我要他提供意见，他就成了设计人。我并没有把东西推销给他，是他自己买了。"

总是想以自己的想法操控他人思想的人注定会成为"孤岛"，每一个人所处的环境和所学到的东西都是不一样的，所谓集思广益，就是为了使自己的目标更容易达成，那么就不应该让自己的想法和意见作为主导。一个聪明的人就是因为懂得采集不同的意见，从中汲取精华，勾勒出更完美的方案，达到更好的目的。

如果你不想让人们远离你，如果你想获得更大的成功，就要学会采纳他人的意见，绝不可将自己的意见硬塞给别人，这样做只会引起别人的反感，妨碍你前进的步伐。让人信服的最好做法就是分享他人的意见，让他人感受到你的尊重，人际关系处理好了，做起事来自然就会更加得心应手。

9. 表情和声调是成功说服的关键

一个人的面部表情最能反映一个人的心理，欣慰和喜悦、同情和关心、接纳和排斥、信任和尊重、厌恶和鄙视、原谅和理解、愤怒和反感等等，都会难以隐蔽地暴露在面部表情上。说服不是征服，征服也许需要你口若悬河地操纵人们，而说服是要别人真正地从心底认同你的观点和想法。在说服中，能恰如其分地运用表达内心喜怒哀乐的面部表情，就可以增强说服效果。

面部表情与其他非言语符号比较起来，占有的空间小，活动的幅度也小，但它是说服过程中最传神、最能表达丰富思想内容的辅助手段。

美国经济大萧条时期，艾丽玛很幸运地在一家高级珠宝店找到了一份销售珠宝的工作。这天，店里来了一位衣衫褴褛的青年人，只见那人满脸悲愁，双眼紧盯着柜台里的那些宝石首饰。

这时，电话铃响了，艾丽玛去接电话，一不小心碰翻了一个碟子，有六枚宝石戒指落到了地上。她慌忙拾起其中五枚，但第六枚怎么也找不着。此时，她看到那位青年正慌张地向门口走去。顿时，她意识到第六枚戒指在哪儿了。当那青年走到门口时，艾丽玛叫住他，说："对不起，先生！"

那青年转过身来，问道："什么事？"

艾丽玛看着他抽搐的脸，一声不吭。

那青年又补问了一句："什么事？"

艾丽玛这才神色黯然地说："先生，这是我的第一份工作，现在找工作很难，是不是？"

那位青年很紧张地看了艾丽玛一眼，抽搐的脸才慢慢浮出一丝笑意，回答说："是的，的确如此。"

艾丽玛说："如果把我换成你，你在这里会干得很不错！"

终于，那位青年退了回来，把手伸给她，说："我可以祝福你吗？"

艾丽玛也立即伸出手来，两只手紧握在一起。艾丽玛仍以十分柔和的声音说："也祝你好运！"

那青年转身离去了。艾丽玛走向柜台，把手中握着的第六枚戒指放回原处。

作为说服的辅助手段，面部表情的合适与否，会影响到说服的效果，但作为说服语言的表现形式的声调，更是直接影响着谈话的结果。语言声调不是言语本身，而是言语的表现形式。妥帖而又富于变化的语言声调，能够增强言语信息的明晰度，所以，声调是说服的重要的辅助手段。

语言声调，主要体现在五个方面：语速，就是说话的快慢；音量，就是说话声音的大小；音高，就是声音的高低；音变，就是声音的变化；音质，就是声音的和谐度。具体如下。

（1）音量要适当控制。说服时老是大声嚷嚷，会给人一种咄咄逼人的感觉；一直轻声细语，虽然会使人感到亲切平易，但音量过小，可能使人听不清楚，同时在力度上也稍欠缺些。同时，尖锐刺耳的声音，容易刺激人的神经过于紧张；低沉粗重的声音，则会麻痹人的神经。

（2）说话的声音力求和谐优美。声音要纯正悦耳，使对方便于倾听，避免使用尖细和嘶哑的声音，因为这样不是让人感到做作，就是让人感到难以忍受。

（3）说话声音的高低要富于多变性。用抑扬顿挫的声调来表达你的兴趣和热情，灵活准确地传达你不断变化的情绪。如果声调呆板，对方就会感到枯燥平淡而厌倦无神。

（4）说话的速度应该适中，快慢结合。快，一般用来表达急切、震怒、兴奋、激昂等情感，连珠炮般地快速讲话，能使听者产生亢奋的心理和紧迫感。但速度太快，受话者对你输出的信息接收不迭，来不及思索和消化，因此无法理解你要表达的意思。慢，一般用于表述沉郁、悲哀、思索等情感，慢条斯理的节奏，可使对方细细品味，产生深邃感；但速度太慢也不行，不仅浪费时间，还影响听者的兴致。所以，快与慢应该交替使用，做到快中有慢、慢中有快。

让人舒服的面部表情，干净利落、抑扬顿挫的声音，会增强说服语言的准确度和感染力，准确鲜明地表达你的思想感情，提高说服的效果。因此，我们在说服他人的时候一定要掌握好面部表情和声音的使用艺术，以完美地达到自己最终的目的。

第六章

攻心有术，让客户无法说 NO

成功的销售人员总是能够在短时间内用言语打动客户，完成签单任务。他们的秘诀就是掌握客户的心理，并在言语中成功地运用，让客户避无可避，只能买下他们的产品。其实，与客户的谈话就是一场心理攻坚战，只要你能够击破客户的心理防线，就可以让客户心甘情愿地购买自己的产品。

1. 换位思考，如果这是我的钱，我会怎么办

很多销售人员几乎都有一个通病，即在好不容易见到客户后，就急不可耐地向他们推销自己的产品，迫不及待地想成交，生怕到手的生意再飞走了。殊不知，你这样做很可能会引起客户的逆反心理，你越是急于求成，他们越是犹豫不决。那么遇到这种情况该怎么办呢？其实，你不妨换个思路，多为对方做一些考虑，把客户的钱当成自己的钱来花，或许就能收到意想不到的效果。

一个机械设备推销员，费了九牛二虎之力谈成了一笔价值 40 多万元的生意。但在即将签单的时候，发现另一家公司的设备更适合于客户，而且价格更低。于是，本着为客户着想的原则，他毅然决定把这一信息告诉客户，并建议客户购买另一家公司的产品，客户因此非常感动。结果虽然这个人少拿了上万元的提成，还受到公司的责难，但在后来的一年时间内，仅通过该客户介绍的生意就达百万元，而且为自己赢得了很高的声誉。

"能够把冰箱卖给因纽特人的推销员不是一个好的推销员。因为当因纽特人在发觉上当后就再也不愿见到他了，推销员也不要想再回到那里卖其他任何东西了。因为别人已对他失去了信任。"现在，有许多推销员，都有这样的想法，只想把自己的产品推销出去，好从客户那里赚到钱，却从不曾考虑客户的利益。实际上，你只要做到替客户省钱，那么客户自然会让你赚钱。

世界上最遥远的距离就是客户口袋与销售者口袋的距离，销售人员最直接的目的就是从客户的口袋掏出钱来。但是，如果你没有这种让客户心甘情愿掏钱的能力，不懂得换位思考，站在客户的立场上考虑问题，就永远不可能从客户的口袋里掏出一分钱来。所以，要想把客户的钱变成你的钱，首先就得把客户的钱当成自己的钱来花。

吴铭正在销售一种现代烹调设备，售价是每套395美元。一天，听说一个小城镇正在举行大型的集会，吴铭就赶了过去。赶到之后，他便拿出自己的烹调设备现场演示。一时间，许多人都好奇地涌了过来。

吴铭不断地做着演示，并强调这套现代化的烹调设备能节省燃料费用。他还把烹制好的食品散发给人们，请大家免费品尝。

有人一边吃着食品，一边咂咂嘴说："味道确实不错，不过你这设备再好，我也不会买的。400美元买一套锅，谁有这么多钱，真是天大的笑话！"

就在吴铭进退两难的时候，他突然发现说话的人是当地一位出了名的守财奴，只知道聚财，舍不得花钱。吴铭灵机一动，很快从自己身上掏出1美元纸币，马上撕碎扔掉，问守财奴："你心疼不心疼？"

看见吴铭撕碎了钱，守财奴吃了一惊，但马上又若无其事地说："我当然不会心疼了，你撕的是你自己的钱，想撕多少就撕多少。"

吴铭笑了笑，说道："我撕的不是我的钱，而是你的钱。"

话音一落，不光是守财奴惊讶，在场的所有人都感到惊讶不已，守财奴追问："怎么会是我的钱？"

这下，吴铭抓住了这个守财奴的话题，马上分析说："你结婚20多年了，对吧？"

守财奴说："是的。"

吴铭说："就算20年吧。一年365天，按360天计算，使用这个现代烹调设备烧煮食物，一天能节省1美元，360天就能节省360美元。

这就是说，在过去的20年内，你没使用这种烹调设备就浪费了7200美元，不就等于白白撕掉了7200美元吗？"

接着，吴铭盯着守财奴的眼睛，一字一句地说："难道今后的20年，你还要继续再撕掉7200美元吗？"

吴铭抓住了这个顾客的心理，替守财奴考虑怎么样来为他省钱。算下来，在今后20年的时间里，除掉要买锅的400美元，可以为守财奴节省6800美元，守财奴何乐而不为呢？

销售高手的最佳策略是为客户提供可以省钱的方法，为客户节省开销。对于客户来说，他关心的是自己的利益，谁能以优惠的价格为他提供优质的产品和服务，他就与谁成交。

一般来说，当销售人员首次与客户沟通时，就应该把自己和客户拉到同一战线上，把自己当作与客户并肩作战的伙伴。同时，认为自己的目的不是向客户销售产品，而是为客户提供可以省钱的方法，试着把客户的问题当成自己的问题，把客户想花的钱当成自己要花的钱，那样的话，就会不知不觉地为客户节省开销了。作为一名销售人员，如果能够为客户提供可以让他们省钱的建议，那么就会很容易得到客户的信任，双方在沟通中，也就能容易很多。

2. 加一个鸡蛋还是两个鸡蛋——让对方在两个"好"中选择其一

在销售法则中有一个"二选一"法则，销售人员可以给顾客提供价格套系，让顾客决定选1或2，适当地强迫顾客从1或2中做决定。

假设顾客已经有意购买你的产品，却又犹豫不决拿不定主意时，你可以采用"二选其一"的技巧。例如，销售人员可对准顾客说："请问您是要那台两个门的还是一个门的冰箱呢？"或者说："请问是星期二还是星期三送到您府上？"像这样"二选其一"的问话技巧，只要准顾客选中一个，其实就是你帮他拿主意，促使他下决心购买了。

有一位老板在大街两边开办两家一模一样的粥店，每天前去就餐的顾客人数也相差不多。然而，左边一家粥店收入总是比右边一家多出近百元，而且几乎天天如此。老板觉得很奇怪，就派人前去调查，了解两个店的经营、服务情况，以解营业额不同之"谜"。

被派去的人装扮成普通顾客，他首先走进右边的粥店。见客人来了，服务小姐满面春风，面带微笑地把他迎进去，给他盛好一碗热气腾腾的粥，接着又热情地问他："先生，加不加鸡蛋？"调查者发现，每进来一位顾客，服务员都要问同样的话："加不加鸡蛋？"顾客有说加的，也有说不加的，粗算起来加鸡蛋的人和不加鸡蛋的人各占一半。

之后，那位奉命调查的人又走进左边的粥店。服务小姐同样满面春风地把他迎进去，盛好一碗热粥放在饭桌上，然后和气地问他："先生，请问您需要加一个鸡蛋，还是加两个鸡蛋？"进来其他顾客，服务员又问同样的话。通常，爱吃鸡蛋的人要求加两个，不爱吃的人一般要求加一个，当然也有不加的，但这种情况比较少见。这样一天下来，左边小店要比右边那家多卖出很多鸡蛋。不同的问话，让两个粥店的营业额产生差异。

"加一个鸡蛋还是加两个鸡蛋"这样的问话方式，会让顾客陷入提问者既定的前提之中，不由自主地给出选择。相比"加不加鸡蛋"的命题，前者显然更进一层，而店家也因此分出高下。同样的商品、同样的价格，谁用语言打动顾客，谁就能把商品推销出去。

很多推销者之所以推销不出自己的产品，就是因为不懂二选一技巧的运用。例如在推销沙发的时候，很多销售人员肯定会询问来看沙发的顾客："您需要沙发吗？"如果客户买沙发的愿望不是很强烈，他就会说"我随便看看"或者"不是"。那么，这笔生意有一半以上的可能做不成。如果你的问题是："您想要皮沙发还是布艺沙发？"你的客户就无法拒绝你这种二选一的问话方式。

对于销售者来说，只要能卖出产品就达到了目的，而无论客户买的是哪一款，或者哪一种颜色。这样你就可以先为客户假定一个购买的前提，将买不买变成"买明亮的蓝色还是高贵的紫色"。比如，"您方便在12月1号还是12月8号交货？""您要红色的床单还是白色的床单？""您要交1000元定金还是1500元定金？"在上面的几种提问方式中，无论客户选择哪个答案，你都可以顺利做成一笔生意。

而作为消费者对这种二选一的问法，往往会认为是自己的意志。原本可能并没有打算买一件裙子，但听你说这件紫色真丝连衣裙比那件黑色的显得更加高贵大方，于是，就爽快地买了你推荐的紫色裙子。

这种"二选一"提问方式，往往不会遭到顾客的拒绝。而且无论对方回答哪一种答案，都在你的控制当中，可以使你所掌握的主动权更大。如果你去向一位老总推销一份保险，当你感到把握很大，推定对方会购买时，为了使对方首肯，你可以问："那么，我明天再来拜访您，您上午方便还是下午方便呢？"一般对方总是会选择答应你的下次预约。

让顾客在产品中二选其一的方法是销售员不陈述任何意见，问顾客"您较喜欢A商品还是B商品"来确信顾客喜爱，让顾客自己决定。这个时候销售人员一定要注意站在第三者的角度，以询问的形式提出来，并且所针对的商品必须是顾客准备选择的。相信只要你掌握了这种方式，你做成交易的概率一定会大大增加。

3. "顺水推舟"的阻力最小

逆水行舟有阻力,顺水推舟好行船。当你与客户进行交涉,想要推销你的产品时,大多数人都会持反对意见,不会在一开始就顺从你的看法。如果你想要成功赢得客户的信赖,这个时候你一定不能当场反击,因为一旦和客户产生了正面交锋的言论,即使你说得有理有据,也会引起客户的反感,最后斩断自己的退路。

所以,当你在推销的过程中遇到这样的情况时,一定要先考虑清楚对方的问题,不能将自己的想法毫无考虑地脱口而出,同时要让对方觉得他提出的这个问题具有一定的严重性,顺应对方的问题讲述下去,让对方有被认同的感觉,当你将问题的严重性扩大到对方不能接受的范围时,他就会主动放弃自己的见解。这样一来,你毫无杀伤力的语言攻心术就会让对方"知难而退"。

一天,一家生产乳制品的工厂来了一位怒气冲天的顾客,他不客气地对厂里的负责人说:"先生,我在你们生产的乳制品中发现一只活苍蝇,我要求你们赔偿我的精神损失。"之后这位顾客提出一个天文数字的赔偿数目。

一般来说,像这种乳制品生产线的卫生管理是相当严格的,为了防止乳制品发生氧化反应而变质,每次都要将罐内所有的空气抽出,然后灌入一些无氧气体后再予以密封,在这种严格条件下生产的乳制品,根本不可能有活的苍蝇在里面。

由于这个事件关系到工厂的声誉,这位工厂负责人不好当场揭穿那人的骗局,只是很有礼貌地请他到会客室里,那位顾客边走还边破口大骂。

当这位顾客第三次提出抗议并要求赔偿时，负责人很有风度地为对方倒了杯水，然后慢条斯理地说道："先生，看来真有你说的那么回事，这显然是我们的错误，你放心，你会得到合理的赔偿。由于这个问题事关重大，我们绝对不会忽视的，这样吧，你稍等一下，我马上命令关闭所有的机器，以查清错误的来源。因为我们工厂有规定，哪一个生产环节出现失误就由哪个环节的负责人来负责，待我把那位失职的主管找出来，让他给你赔礼道歉。"

说完后，负责人一脸严肃地命令一位工程师："你马上去关闭所有的机器，虽然我们的生产流程中不应该出现这种失误，但这位先生既然发现了，我们就有义务给顾客一个满意的答复。"

那个顾客本来只是想用这个借口来诈骗一些钱，但他没有想到自己的话会引起如此严重的后果，顿时担心自己的花招被拆穿，那样一来他会被要求赔偿整个工厂因停工而造成的损失，即使他倾家荡产也赔不起。

于是他开始感到害怕，并且嗫嚅道："既然事情这么复杂，那就算了吧，但是我希望你们以后不要再发生这样的情况了。"说完之后，想要拔腿就走。

那位负责人叫住了他，诚恳地对他说："非常感谢您的指教，为了表示我们的感激，以后您购买我们的产品均可享受八折优惠。"

这位顾客没有想到自己还能有意外的收获，于是他逢人就宣传这家工厂的乳制品，使更多的人都肯定了这家工厂的产品质量。

工厂负责人正是采用了"顺水推舟"的方法，巧妙地用攻心术揭穿了对方的骗局，掌握了对方的心理，并巧妙地将对方的想法转到了自己的思维圈套里，让他成为工厂的免费宣传员。

当你作为销售人员与客户的意见发生分歧时，你可以说："虽然我一直坚持自己的想法，事实上仔细想想，您说得也是很有道理的。"当对方听到你貌似肯定他想法的话语时，通常情况下，也不会再继续坚持，并说："你的建议也非常好，我会认真考虑的。"当你主动去迎合客户意见时，他也不好意思再反对你，这样你就争取了更多的主导权。

一个成功的销售人员绝对不会直接与客户的说法进行碰撞，而是会选择阻力最小的说话方式，让对方发现自己的想法是不正确的。当他们承认了错误，你就可以自然而然地顺水推舟，将自己的产品成功推出。所以，当客户总是坚持自己的"错误"想法时，你只要顺水推舟让对方认识到自己的错误，问题就会得到很好的解决。当然，你在运用"顺水推舟"的策略时，一定要注意以下两点：

第一，有时候，机会要靠自己创造，所以在和他人谈话时，要注意因势利导，克服对方的抵触心理，一步一步引导对方进入自己的语言环境，为自己的顺水推舟做好充分准备。

第二，对方的心态决定了对方说话的内容和方式，所以，在谈话的过程中要注意把握住对方的心态，弄清对方的心理状况，这样你才能把握住机会，顺水推舟。

4. 运用最后时限，给对方施加压力

顾客总会碰到很多推销员，如果我们说的也都是一些陈词滥调、毫无新意的话，只会让顾客们退避三舍。作为一个优秀的推销员，就要懂得抓住顾客的心，设计出更吸引顾客的话语。所以，我们可以适当地运用一些欲擒故纵、制造紧张气氛的技巧，刺激顾客的购买欲望。

通常情况下，顾客为了以更实惠的价格购买心仪的产品，会尽量地

拖延时间，让销售人员做最后的让步。这在市场上也是经常会出现的，比如现在很多人都去商场买羽绒服，但是看了之后觉得价格太高，便会立马走人。在这个时候，销售人员一般都会拉住顾客，进一步商讨价钱，并做出让步。顾客之所以敢这么做，是因为他们不怕买不到该商品，因为同样的商品在商场上比比皆是。那么作为销售人员，同样可以反将一军，只要能够让顾客认为此时不买就没机会了，那么他们的底气就没有那么足了，产品也就比较容易卖出去了。

D市有一个C楼盘是个住宅加底层商铺的房地产项目。和许多其他的楼盘一样，C楼盘的客户当中也有许多来现场询问过多次，但就是以让利幅度太小、需要考虑等借口而迟迟不肯下单，楼盘的置业顾问倪海霞碰到的一位对商铺有意向的客户刘先生就是这么一例。

一天倪海霞决定打电话催促刘先生下单。她说："刘先生您好，我是C楼盘置业顾问倪海霞。"

"倪海霞你好。"刘先生在电话那头应道。

"不知您最近对我们楼盘的销售情况了不了解？"倪海霞温和地开口问道。

"我很注意你们的广告，好像你们的房子还很好卖。"刘先生回答说。

"好卖的不仅是房子，还有商铺，"倪海霞没等刘先生出声，就继续说道，"今天打这个电话就是想跟您商量件事。"

"什么事啊？倪海霞你说吧。"

"您让我们为您预留的那间铺面，已经有另一位客户看中，他现在就在我们的售楼部，"倪海霞笑笑又接着说，"巧的是，您开诊所，这个客户开药店。"

"怎么这样，我不是预留了吗？"刘先生开始着急了。

"刘先生您先别急，"倪海霞安慰道，"这至少证明两点，一是您很有眼光，二是现在又出现了一个看好我们这片地区医疗市场的人，也不知您现在考虑清楚没有，如果再等的话，我怕为您保不住这间铺面。"倪海霞的话直击了刘先生要害。

"你们的价格太死板，我要3%的优惠，可你们只给2%。"刘先生又将价格这件事提了出来。

"3%的优惠是专门针对一次性付款的，您是个专门治病救人的生意人，您也知道生意是要讲究原则的，难道您没有自己坚持的原则吗？"不等刘先生辩解，倪海霞又继续说道："况且，我们这个片区，卖铺面的又不只是我们这一家，我相信您肯定还看过其他几个楼盘的铺面，可您为什么不买呢？因为他们的价格不比我们的低，他们的铺面位置一定没有我们的好，您说呢？刘先生。"

刘先生思考了一会儿，觉得倪海霞说的话有道理，又怕铺面被别人给抢了，就对倪海霞说："好吧，我下午过来签约交定金。"

听了刘先生的回答，倪海霞紧张的心情终于放松了，她按捺住激动，尽量语调平稳地问："下午3点行吗？"

"行。"刘先生爽快地答应了。

"那好，我在售楼部等您，下午再见，刘先生。"倪海霞愉快地挂了电话。就这样，她顺利地把这个问题解决了，不过倪海霞也为刘先生多争取了一些优惠。

有时候，顾客中意你的产品，但是又因为某种原因而迟迟不做最后的决定，这时候，作为一个优秀的推销员，就不光要懂得主动出击，还要善于制造危机感，假定这是最后的期限，再不出手就再也买不到了，这样一来，顾客肯定会在短时间内迅速签单。

当市场上的商品打出了限时限量销售时，人们都会争先恐后地去购买，生怕被抢光了买不到。作为销售人员，同样也能很好地利用人们的这一心理，给顾客制造"最后期限"，让他们不再犹豫，快速促成交易。

5. 步步紧逼，在心理上压倒对方

老子说：以正治国，以奇用兵。商道即兵道，经商要善于用奇兵。在某种情况下，销售人员要想促成客户尽快签单，采用巧妙的方法对客户实施"逼迫"，往往更容易达到促成订单的目的。这些"逼迫"的技巧看起来虽然很危险，但是如果在运用的过程中方法得当，往往会收到很多令人意想不到的效果。

很多客户在购买产品之前，都会拖延时间，并且怀有各种各样的顾虑。这种情况下，销售人员可以用层层逼进的方法，不断地发问，让客户说出自己心中的担忧，只要销售人员能够恰当地解答好客户的问题，促成交易也就不是什么难事了。

一个销售人员的客户对产品非常有意向，但就是迟迟不肯签单。

销售人员说："既然您真诚喜欢我们公司的产品，又没有什么异议，那么就请您签一下单子吧！就在这里写下您的名字。"

这个客户说："我再考虑考虑。过几天再说吧。"

听到了此话，销售人员便以赞同的口吻说："买东西就应该像您这样慎重，看来您对这个产品还是很有兴趣的，不然您不会花时间去考虑，对吗？"

客户听了，也不好说"不对"，便点了点头。

趁此机会，销售人员又紧逼一句说："我只是出于好奇，想了解一下您要考虑的是什么，是我公司的信誉吗？"

客户听后，也不好意思说人家公司的信誉不好，便回答说："哦，你们公司的信誉不错。"

接着,销售人员又紧逼一句:"那是我的人品不行?"

任何一个人都不会当别人的面说别人的人品不行的。所以客户赶紧说:"不,怎么会呢?我对你这个人还是很欣赏的。"

销售人员说:"既然这样,您还有什么疑问?您说出来,我马上帮您解决!"

客户想了一会儿说:"其实也没什么,我只是担心质量……"

销售人员立马果断而坚决地说:"这个您放心。我们公司产品的质量绝对没有问题。这样吧,为了我们第一次合作完满成功,我向您承诺,亲自送货上门,免费帮你安装,并免费保修3年!"

客户听到了这些,心中的疑虑减少了很多,不得不点头表示认同。

销售人员乘机把订单推到了客户面前,请他写下自己的名字。客户见此情景,只好迅速地签下了自己的名字。

步步紧逼成交法是针对一些有购买意向,却有意拖延的客户,巧妙地向客户提出一系列问题,步步紧逼客户说出内心最担心的问题,然后帮客户解决问题,促使客户下决心成交的一种技巧。在销售领域中,销售人员善于使用这种技巧,往往能逼迫一些故意找借口拖延购买的客户迅速做出签单购买的决定,从而获得更多的订单。

莱恩的剧场由于没有戏剧评论家前来光顾导致顾客稀少,为了改善这种情况,他大胆闯入了一家报社想请"贵客"帮忙。

莱恩点名要见著名戏剧评论家弗兰克,凑巧弗兰克在外地访问,莱恩干脆待在报社不走:"我就等到弗兰克先生回来!"弗兰克的助手无奈,只好询问其原因。莱恩便大施游说之术,说他的演员如何优秀,观众如何热烈,最后摊牌:"我的观众大多是从未看过真正舞台剧的移民,如果贵报不写剧评介绍,那我就没经费继续演下去了!"助手见其态度坚决，不由得感动了，答应当晚就去看戏。

谁知，露天剧场的演出到中场休息时，便遇上了滂沱大雨。莱恩一见助手躲雨欲走，立即又黏上他说："我知道，你们剧评家通常是不会评论半场戏的。不过我恳求你，无论如何破一回例！"

莱恩一次次主动地游说，这种"无赖"手段终于感动了助手，几天后一篇半拉子戏的简评见报，莱恩的剧场也日渐红火起来。

莱恩的剧场之所以能够取得成功，就是因为他采用了步步紧逼的方法。这个方法在销售的过程中有着不可忽视的作用，但是使用的时候也是相当危险的，如果把握不当，很有可能会失去客户。所以，一定要把握好分寸。在心理上压倒客户的同时要注意客户的想法，善于运用智慧，促成更多的交易。对此，销售人员要注意以下几个问题。

（1）注意措辞的温和性，要通过语言拉近与客户的关系，增强彼此之间的合作感，比如尽可能地少用"我能""我会""我希望"等词语，而要用"我们可以""您认为"等语句；

（2）注意眼神要具有亲和力和谦虚感，不要直勾勾地盯着对方，那会令客户感到不自在；

（3）注意手势等身体语言，比如在说话时手掌尽量摊开或平放，而不要用手指指指点点；

（4）尽可能地避免打断客户说话，如果你有意见，可以在耐心地倾听完客户说话以后再提；

（5）不要只强调自己的销售目标，而应该着眼于客户面临的难题或存在的需求；

（6）询问客户的反对原因时，不要直接用"为什么……"，建议用"哪些具体原因……"等。

6. 适度运用"威胁"策略

每逢过年过节，我们都会看到很多商家开展一系列的促销活动："最后三天，不要错过""从下午一点到晚上七点，全部三折优惠，欲购从速"等等，这样的一些招牌表面上看是在营造购物气氛，其实都是紧紧抓住了顾客贪图"实惠"的心理，向顾客传达着"超过期限就不能享受如此优惠"的信息，所以大多数消费者都会趁着这样的时间疯狂抢购，即使拼抢、拥挤也全不在乎。

同样地，作为销售人员，在与客户进行沟通谈判时，也可以告诉客户这是"最后的期限"，迫使客户下定决心购买我们的产品。当然，在购买产品之前，顾客肯定会产生很多的疑虑，这个时候就需要销售人员的引导和说服顾客购买产品了。

那么，怎样才能让顾客快速下定决心呢？也许这个时候很多销售人员都会尽力描述产品的优点、购买之后所得的好处等，但是通常情况下你越是这样说，顾客越不会买。所以，面对这种情况，销售人员就必须立刻改变策略，不要让自己的说服形式过于单调，而向客户提出"这是最后的一次机会了，假如此时不购买我们的产品，您将会受到……损失"的暗示，就会明显地打动客户。

不过需要注意的是，当销售人员在运用这类暗示时，首先要弄清楚客户最关心的产品优势是什么，不要在一些客户不太关心的细枝末节上大费周折；同时，销售人员在沟通过程中必须做客观、实际的暗示，绝不可以用谎言欺骗客户；还有，销售人员必须在关心和尊重客户的基础上，有技巧地进行说服，否则可能会让客户产生强烈的抵触心理。

合理而巧妙的暗示可以坚定客户购买产品或服务的决心，而且还可以促使客户更主动地缩短沟通时间。所以，掌握这种说服技巧不仅有助于销售人员增加销售业绩，而且还可以提高自己的工作效率。

吴睿是一家保健器材公司的销售人员，他在一位老客户的介绍下认识了某公司的刘经理。吴睿在见到刘经理之前就通过客户得知，刘经理对父母的健康非常关注，而且只要认准了产品就不会在价格上斤斤计较。

当吴睿与刘经理寒暄过后，吴睿向刘经理介绍了这种保健器材的一些功能和特点。刘经理说他目前没有这方面的需要，如果有需要的话，他一定会与吴睿联系的。吴睿听出，刘经理是在下逐客令。可是吴睿并没有在意，他又说："听说您的母亲就要过70大寿了，人生七十古来稀呀，不过以您母亲的身体状况就是再活70年也没问题呀！"

刘经理听了慨叹道："哎，虽然我母亲保养得一直很好，可是毕竟年龄大了，身体一日不如一日了呀，最近就时常闹些小毛病。"

吴睿说："其实老年人身体状况不好光靠吃药是没用的，关键还是要经常做些有益的运动，这样一来可以增强身体的抵抗力，二来还可以使他们在运动的过程中保持一个良好的心情。"

刘经理仍然神色严肃地说："以前他们也出外参加一些活动，可是最近他们自己总觉得太累，再说我也怕他们到外边活动出现什么问题，我也很愁啊。"

吴睿说："我们公司的产品正好可以帮您解决这个难题……"在说明了使用这种保健器材的一系列好处之后，吴睿看到刘经理已经有了点购买产品的意思，他想现在应该是趁热打铁的时机了，于是他又说："如果您不能在母亲70大寿的时候送给她一件有意义的礼物，那她一定会很失望的。而这种保健器材不仅可以让她老人家感受到您的孝心，而且每次看到它时，老人家都会想起自己这个值得纪念的生日的。况且这种保健器材我们销售部只剩下3台了,如果您现在不买的话,等到您想买的时候恐怕就要卖完了,到时候只能等公司总部发货过来。如果那样的话,您一定会为浪费了这一次的机会而感到遗憾的。"

"好吧,我现在就要货,你先把它送到我的办公室,我想等母亲生日那一天给她一个惊喜。"刘经理已经迫不及待了。

没有一个人愿意接受别人的威胁,相信每一个客户都是如此。但是我们在这里所说的"威胁"并不是真正的目的,只是一种手段。"威胁"不是一种简单的吓唬,应包含下列含义:如果这样或不这样,就会产生那样的后果。这只是销售人员经过对客户的认真分析,从而对客户做出的一种善意的提醒:如果你不抓住这"最后一次"的机会,那么你可能就享受不到某些优惠了。我想任何客户听了这话都会或多或少地产生购买欲望,这绝对要比直接去描述产品的优势更有吸引力。

7. 有效提问,探查客户内心的需求

客户的需求,很多时候并不会直接告诉你,而需要你通过提问来获得。有效提问是一门艺术,也是一种智慧。所以在销售产品的时候,如果不能通过有效的提问探查出客户的真实需求,你就很有可能无法完成交易。

促销员:"欢迎光临诺基亚展台,请问有什么可以帮您的吗?"
顾客:"我想看看手机。"
促销员:"您想看什么样的手机呢?"
顾客:"你们诺基亚有没有大屏幕的手机啊?"

促销员:"屏幕大的?这几款屏幕都比较大。我向您推荐这款3650,不仅屏幕大,而且还内置数码相机和摄像机,照相、摄像都可以,随机还附送一张16M的存储卡,照片和图像都可以存在这张卡上。"

顾客(露出犹豫的表情):"照相?我不需要这么复杂的功能,只要能打电话就行了。"

促销员:"我们所有的手机都能打电话,只是功能简单一点的手机就没有这么大的屏幕了。我建议您还是买个功能多些的手机,那用起来多方便啊。比如说,3650有照相和摄像功能,您在出去旅游的时候就可以给朋友和家人照相,留下美好纪念了。"

顾客:"可是这款手机功能太复杂了,我想要一个屏幕大、按键大、操作越简单越好、价格越便宜越好的。我想给我爸爸买款手机,他都60多岁了,不太会用高科技的产品,屏幕大、按键大、操作简单对于他来讲很重要。"

促销员:……

显然这位销售人员在销售过程中犯了关键错误,即没有了解客户的需求就向客户推荐产品。大屏幕只是客户需求的一方面,还有很多其他的需求,但销售人员显然没有全部了解就开始介绍产品了。即使她在了解了顾客的多个需求后,仍然没有意识到顾客是给他父亲买手机,这是客户需求背后的要求,也是客户购买产品的关键。

懂得巧妙地提问题,才会有办法把谈话导向自己希望的方面上来。因为说服的艺术不在于你来我往地抒发己见,而是藏在一问一答的游戏之间。抛出问题,可以诱使客户仔细去思考,然后发言表示意见。用提问题的方式,销售人员可以将客户的注意力引到对自己有利的重要事项上来。

想要做一个成功的销售人员,就要善于发现问题,并主动发问来了解顾客的心理需求,找出吸引客户兴趣的话题,让顾客打开话匣子,从而促成交易。那在销售沟通中，向客户提出什么问题，主要在于提问者的目的。毫无目的的提问，在沟通中也是毫无意义的。所以，我们一定要掌握以下几种提问的方式。

第一，要更好地发挥提问的作用，提问之前的思考、准备是十分必要的。诸如：我要问什么？对方会有什么反应？能否达到我的目的？

第二，提出的问题要能引起对方的注意，并能诱导对方的思考方向。而要引起对方的注意，所提出的问题必须有一定的分量；要诱导对方的思考方向，所提出的问题必须有一定的计划性。

第三，进行明确的提问。要使所提问题容易被客户理解和回答，就要避免提出过于复杂与冗长的问题。有些销售人员把几个问题糅合在一起，使提问复杂化。例如："请问你们多长时间订货一次并全部销售出去？"这么烦琐的问句，很容易让客户感到厌烦，他们也很难集中精力去仔细听清这类问题。所以，提问应尽量做到简单、明确。

第四，提出的问题要能获得自己所需要的信息与反馈，即问什么一定要有针对性，并做到具体明确，这样才可能得到对方明确的回答。同时，在措辞上一定要慎重，不能刺伤对方、为难对方，也不要引起对方的焦虑与担心。

第五，多做开放式的提问。开放式的提问技巧是指发问者提出一个问题后，回答者围绕这个问题要告诉发问者许多信息，不能简单以"是"或者"不是"来回答发问者的问题。

第六，提出的问题要客观。销售中的提问，主要目的应该是了解客户的真实想法，而不是诱使客户做出某种承诺或强迫他们接受销售人员的观点。举例来说，如果提出的问题只有一个可能的答案，而这个答案又明显有利于销售人员，那么，这个问题就不具备客观性。

很多销售者在给客户介绍产品的时候，总是等着客户提出问题，或者一个劲地向客户介绍自己的产品，不懂得用提问的方式来找到客户的问题所在，挖掘客户的需求，最终导致销售的失败。所以，要想成为一名优秀的销售人员，你必须掌握提问的艺术，把主动权掌握在自己手中。

8. 客户推托，不要急着反驳

相信很多销售人员都有过这样的经历：你滔滔不绝、口干舌燥地向客户介绍产品的时候，客户往往会以各种各样的借口进行推托，于是很多人都选择了放弃，再去寻找下一个潜在客户，或者直接对客户的推托进行反驳。实际上，有时候客户的推托并不是绝对不想购买，作为销售人员，如果你在这个时候放弃，那么之前所做的努力都会白费，你的反驳也一定会让客户难堪，最终导致推销失败。

陈启军是一名业务员，这一天他到客户那里去谈一笔生意。当他敲开总经理办公室的门之后，发现总经理正在那里看一些文件，于是他表明自己的身份并说明来意，希望能够与总经理详细谈一谈。

那位总经理并没有给他这个机会，而是对他说："我现在很忙，你先和我的助理谈吧。"陈启军一听，"那怎么行，一个助理又做不了主，谈得再好也不行。"

他知道"忙"不过是总经理推托的借口。

于是，他说："现在是中午休息的时间，没有什么事情做，您就先听我说一说吧，也占用不了您多少时间。"

总经理生气地说道："你怎么知道我现在没有事情做，难道你没有看到我在看文件吗？耽误了我的事情你负得起责吗？赶紧出去，别浪费我的时间。"

陈启军还想再说什么，总经理直接叫秘书进来请他出去了。

"对不起，我今天没有时间……"这是推销人员经常听到的客户回答之一。也许客户说的是实情，也许客户只是想以此为借口来推托。如果客户说的是实情，推销人员当然要表示理解，并且配合客户确定下一次约见时间。如果客户是以此为借口，那你不妨巧妙地打破对方的借口，比如告诉对方你只做五分钟的介绍，注意一定要把握时间，而且做的这个简单介绍必须引起客户进一步深入了解的兴趣；或者明确告诉对方，今天是产品促销的最后一天，或者让对方知道今天做出购买决定的其他好处；等等。

刘慧珊在一家商场里做电器推销员，这一天来了一位顾客想要买一台空调。在问清楚顾客的需求之后，刘慧珊向顾客推荐了一款不错的空调。在刘慧珊的解说之下，顾客对这台空调有了大致的了解，也有要买的打算。但是顾客怕自己买贵了，所以想到其他商场再转上一转，还有他怕这台空调不足以满足自己家的客厅需要。于是他对刘慧珊说："我考虑考虑。"然后拔步欲走。

刘慧珊明白，只要是这位顾客离开商场，就不可能再次回来，就算他认为自己这里是最好的，也不会做回头客。于是她赶紧上前拦住顾客说："您对我们的产品或者是我的服务有什么意见吗？我们公司要求我们做记录的。"那位顾客听了这话就停了下来，在与刘慧珊的谈话中渐渐地将自己的顾虑说了出来。刘慧珊乘机对顾客说："我们这款空调在同类产品中绝对是价格最公道的。如果空调不能保证您家客厅需要的话，您可以在一周内退货。"

在刘慧珊的一番劝说之下，顾客终于下定决心购买了那台空调。

当客户提出推托之词时，你先不要急着一一反驳，而是在说出自己开场白的同时观察客户的反应，这些反应包括很多种，如面部表情、身体语言、说话的语气和声调的变化等。然后综合各种信息，如果确定暂时真的没有说服客户的可能，那就礼貌地告别客户；如果发现客户态度发生转变，即使是最微妙的转变，那也要再接再厉地进一步展开与客户的周旋。在与客户周旋时，推销人员必须及早确定客户最大的疑虑是什么，如果解决了最大的问题，那么其他问题就会迎刃而解。

直接反驳客户的推托理由是最不明智的行为。客户的推托源自对销售人员的一种戒备心理，面对销售人员的推销，很多人都会找出推托的理由。事实上，推托的借口只是一种形式，而并非其实质。如果销售人员本末倒置，反驳客户的借口，那么则会让本来的僵局更加难以化解。比如说，客户说没时间，你却非要找出他有时间的证据来，无疑是让客户下不来台。

相信聪明的销售人员都不会对客户的推托之词表示反驳，而是会想办法消除客户的戒备心理，与客户搞好关系。所以，当客户说出推托之词的时候，一定不要在客户推托的原因上进行纠缠，而要把精力放在摸清客户的心思上，只要弄清楚了客户的真正想法，推销起来就不会那么困难了。

9. 让客户在砍价中获得成就感

在向客户推销产品的时候，讨价还价一定是客户和销售人员做成生意的手段，也是交易过程中的必然过程。作为销售人员就是要了解客户的心理需要，客户通常不仅仅只是想买到物美价廉的商品，他们更享受的是砍价的过程。所以，在与客户沟通时必须有耐心，不能急于求成。想要做成生意，就要适时地给顾客创造砍价的条件，让他们在砍价的过程中获得自我满足的成就感。

顾客喜欢讨价还价，除了想用低廉的价格买到自己心仪的商品，更多的是想要征服商家开出的高价钱。当顾客以自己满意的价格买到了想要的商品时，他们心里肯定会有这样一个声音："都说销售人员一个比一个精，今天还不是被我'砍'得落花流水！"

因此，当我们在和客户进行交易的时候，不能单纯地想着如何让客户签单，一个真正优秀的销售者是会考虑到客户的方方面面的。所以，我们要尽量满足客户的各种心理需求，给他们提供砍价的空间，就是满足了客户的征服欲望。当你一开始就给了客户"你完全被他征服了"的感觉，他就会打心底对你这个人产生好感，在砍价的时候也会适时地对你手下留情，并且会把你当成长期的合作伙伴，还有可能为你带来更多的客户。

对于一个销售人员来说，在几个客户当中签下一单并非难事，但是要想让一个客户与你长期合作，那就需要很好地掌握销售的艺术了。

首先你就得满足客户的征服欲。如果想要让对方长期保持这种感觉，你就要把降价间隔的时间、措辞、表情等把握得恰到好处，让客户以为你是在迫不得已的情况下降价的。如果你能做到这一点，不仅会让客户有成就感，你自己也会产生一种成就感。因此，作为推销员，一定要记住这个道理：客户与你讨价还价，与其说是他们很会讨价还价，还不如说他们喜欢讨价还价；与其说他们是嫌你的东西太贵，还不如说他们是想通过杀你的价来获得快感。

当然，并不是所有的客户都能掌握这个度。有些人天性就喜欢杀价，在他们眼里永远没有最低价，所有的商家都是有赚头的。面对这样的客户，你一定不能和他据理力争，因为无论你怎么说，他们都不会做出让步。如果你想要抓住这样的客户，你就必须静下心来，想好有效的策略之后再去和他谈判，这样就会简单很多。

要想让客户在讨价还价中获得成就感，又不想让自己吃亏，那么销售人员巧妙的报价方式是十分重要的，所以，我们一定要注意以下几点。

第一，讲究一定的报价方式。我们可以选择报最小单位的价格，因为整件报价不易换算成单价，而且整件价目大，一时之间会给人留下高价的印象；也可以报出平均时间单位内相应的价格。

第二，分清客户类型，针对性报价。对那些漫无目的不知价格行情的客户，可高报价，留出一定的砍价空间；对不知具体某一品种的价格情况，但知该行业销售各环节定价规律的客户，应适度报价，高低适度在情在理；而对那些知道具体价格并能从其他渠道购到同一品种的客户，则应在不亏本的前提下，尽量放低价格，留住客户。

第三，在恰当的地点报价。报价是一种比较严肃的事情，我们应选择在办公室等比较正规的场所进行报价，要不然会给客户一种随随便便、草草了事的感觉。再则，在办公室以外的地方，谈报价等工作上的事情，占用私人时间容易引起客户反感。

第四，对那些处于不同时间的客户，报不同价格。比如当客户正忙得不可开交时，我们可以报一个模糊价格，让他对该产品有大概的价格印象，详细情况可另行约定时间商议。当客户有明确的购买意向时，我们应抓住时机报出具体的价格，让其对产品价格有一个较为具体的了解。

想要和客户轻松做成交易，一定要让他们的征服欲望得到满足，千万不要因为急于求成，让客户失去在砍价中获得成就感的机会。所以，作为推销员，你一方面要提高自己的心理应变能力；另一方面，也要提高自己揣摩客户心思的能力。

第七章

讲究说话方式，方能密切联系、增进友谊

"千里难寻是朋友，朋友多了路好走。"交朋友是我们人生中的一项重要的活动。认识朋友容易，但是维系朋友关系、增进友谊却不简单。朋友相处，最重要的就是体现在语言的交流上，只有讲究说话方式，才不会因言语的不当而导致昔日的朋友感情破裂，甚至老死不相往来。

1. 密友间该客气时也要客气

大多数人都认为：好朋友之间无须讲究客气。他们觉得，好朋友彼此熟悉了解，亲密信赖，犹如兄弟姐妹，可以不分你我。而且朋友之间就该有福共享、有难同当，讲究客气未免太拘束也太见外了。然而，事实上朋友关系的存续是以相互尊重为前提的，容不得半点强求、干涉和控制。彼此之间，情趣相投、脾气对味则合、则交，反之，则离、则绝。朋友之间即使再熟悉、再亲密，也不能随便过了头，不讲客气，这样下去，默契和平衡迟早会被打破，友好关系将不复存在。因此，对好朋友也要客气有礼，可以不强调自己的"面子"，但不可以不给朋友面子。

中国素称礼仪之邦，用礼仪来维护和表达感情是人之常情。当然，我们说好朋友之间讲究客气，并不是说在一切情况下都要僵守不必要的烦琐的礼仪，而是强调好友之间相互尊重。在说话的时候要注意不能伤害到对方的自尊。所以要想友谊长存，我们必须注意避免以下几点。

第一，过度表现，言谈不慎，使朋友的自尊心受到挫伤。

也许你与朋友之间无话不谈，十分投机。也许你的才学、相貌、家庭、前途等等令人羡慕，高出你朋友一头，这使你不分场合，尤其与朋友在一起时，会大露锋芒，表现自己，言谈之中会流露出一种优越感，这样会使朋友感到你在居高临下地对他说话，在有意炫耀自己，他的自尊心受到挫伤，就会对你敬而远之。所以，在与朋友交往时，要保持理智清醒、态度谦逊，把自己放在与人平等的地位。

第二，过于散漫，不拘小节，使朋友对你产生轻蔑、反感。

朋友之间，谈吐行动理应直率、大方、亲切、不矫揉造作，方显出自然本色。但过于散漫，不重自制，不拘小节，则使人感到你粗鲁庸俗。也许你和一般人相处会以理性自制，但与朋友相聚就忘乎所以，或指手画脚，或信口雌黄、海阔天空，或在朋友言语时肆意打断，讥讽嘲弄，或顾盼东西，心不在焉，也许这是你自然流露，但朋友会觉得你有失体面，没有风度和修养，自然对你产生一种厌恶轻蔑之感，改变了对你原来的印象。所以，在朋友面前应做到有分寸、有节制。

第三，用语尖刻，乱寻开心，使朋友突然感到你可恶可恨。

有时你在大庭广众之前，为炫耀自己能言善辩，或为哗众取宠、逗人一乐，或为表示与朋友之"亲密"，乱用尖刻词语，尽情挖苦嘲笑讽刺朋友或旁人，大出其洋相以博人大笑，获取一时快意，竟不知会大伤和气，使朋友感到人格受辱，也许你还不以为然，会说朋友之间开个玩笑何必当真，殊不知你已先损伤了朋友之情。所以，朋友相处，尤其在众人面前，应和蔼相待，切勿乱开玩笑，恶语伤人。

第四，彼此不分，违背契约，使朋友对你产生防范心理。

朋友之间最不注意的是对朋友物品处理不慎，常以为"朋友间何分彼此"，对朋友之物，不经许可便擅自拿用，不加爱惜，有时迟还或不还，朋友一次两次碍于情面，不好意思指责你。久而久之，会使朋友认为你过于放肆，产生防范心理。

第五，不识时务，反应迟缓，使朋友对你感到厌嫌。

当你去朋友家拜访时，若遇上朋友正在读书学习，或正在接待客人，或正和恋人相会，或朋友准备外出等，你也许自恃挚友，不顾时间场合，不看朋友脸色，一坐半天，夸夸其谈，喧宾夺主，不管人家早已如坐针毡，极不耐烦了。这样，朋友一定会认为你太没有教养，不识时务，不近人情，以后就想方设法躲避你，害怕你再打扰他的私生活。所以，若逢此情此景，你一定要反应迅速，稍稍寒暄几句就知趣告辞。

每个人都希望拥有自己的一小片天地，朋友之间过于随便，就容易侵入这片禁区，从而引起隔阂、冲突，不问对方是否空闲，愿意与否，任意支配或占用对方已有安排的宝贵时间，一坐下来屁股就黏在椅子上，全然没意识到对方的难处与不便。长此下去，再好的朋友也会心生嫌隙，导致朋友的疏远、厌倦，友谊淡化。因此好朋友之间也应该客气有礼，放肆无理最容易伤害朋友。只有懂得尊重朋友，该亲密时绝对亲密，该客气时讲究客气，才能赢得更多朋友的好感。

2. 莫在小事上与朋友斤斤计较

每个人在和朋友交往的过程中都难免发生不愉快的事情，有的人总是喜欢斤斤计较，因为一点芝麻大的小事就对朋友不依不饶，最终导致多年的友情破裂。

金无足赤，人无完人，能够做朋友就说明两个人之间有一定的共同认知，朋友也许会有这样或那样的缺点，但不会影响你们之间共同的认知。如果你想找到没有缺点的朋友，那么你也许一生也不会有朋友了。对待朋友，不能苛求，真心换真心，不能要求四两换半斤，也不能要求对等回报。以一颗宽容真诚的心对待朋友，就永远也不会孤独和失落。

穿行在沙漠中的两个人是一对好朋友。途中，两人发生了激烈争执，其中的一个人打了另外一个人一记响亮的耳光。被打耳光的人什么话也没有说，只是在沙子上写道："今天，我最好的朋友在我的脸上打了一耳光。"

他们继续行走,终于发现了一个绿洲,两人迫不及待地跳进水中洗澡,很不幸,被打耳光的那个人深陷泥潭,眼看就要被溺死,他的朋友舍命相救,终于脱险。被救的人什么话也没有说,在石头上刻下一行字:"今天我最好的朋友救了我的命。"

打人和救人的这个人问:"我打你的时候,你记在沙子上,我救你的时候,你刻在石头上,为什么?"另一个人答道:"当你有负于我的时候,我把它记在沙子上,风一吹,什么都没有了。当你有恩于我的时候,我把它刻在石头上,什么时候都不会忘记。"

朋友之间没有永远的仇恨,世界上不是每个人都可以成为朋友,因此我们都要珍惜这来之不易的友谊。当你不能包容朋友的时候就想象自己的缺点,朋友能够以宽大的胸怀接纳你,同样,你也应该以宽容之心对待朋友,对于一些不值一提的事情就不要斤斤计较,这样你才能得到更多的友谊。

萧伯纳说:"检验一个男人或一个女人的素养,就是看他们在吵架时的表现。"我想将此话改动一下:"检验一个人的素养,就是看他(她)在与朋友吵架后的态度。"朋友间的伤害往往是无心的,帮助却是真心的。忘记那些无心的伤害,铭记那些对你真心的帮助,你会发现这世上你有很多真心的朋友。在日常生活中,就算是最要好的朋友也会有磨擦,如果斤斤计较,也许会因这些磨擦而分手。

李子青在参加同学聚会时和同学聊到了社会诚信的话题,没想到就因为这个问题和一个在政府部门工作的同学张胜伟发生了争执。张胜伟以不屑的口气对李子青说:"这个问题你没有发言权,这些年你老是待在一个小单位,你的思想早已落伍了。"言外之意就是,他比李子青有见识得多。

要是以前，李子青会拂袖而去不再理睬他，可是这次，她只是笑笑，继续心平气和地跟他讨论。聚会散场，和李子青要好的同学问她："张胜伟那样说你，你怎么都不知道反击啊，一点都不像你以前的性格。"李子青笑笑说："我想等他冷静下来，他自然会认识到不该那样跟我说话。再说，好同学、好朋友之间也不该计较那么多，也许当时他只是无心的。"果然，第二天一大早，张胜伟就打来了电话，他在电话里说："昨天我太激动了，一激动就说出了很不礼貌的话。我仔细想了想，发现你的观点也是很有道理的。"就这样，两个人之间的不愉快立马烟消云散了，往日的友谊依然如故。

有时候，朋友说出些让我们难以接受的话，做出些让我们不满意的事，其实是很正常的，用不着我们做出过激的反应。因为，人非圣贤，孰能无过。人的思维也好，情感也好，在与人交往的时候都是处在一个动态的过程中，在这个过程中会有多种思维和情感彼此交织起作用，一些无心之话无心之事，都是在无意识的状态中表现出来的。而十有八九，朋友都会在冷静思考或在自我修养提高后，自我"检测"到。一旦检测到，他们中的绝大多数人，也会通过适当的方式，将自己的愧意或醒悟向对方表达出来的。

可见，在与朋友交往中，因为一言不合，我们就耿耿于怀，甚至老死不相往来，都是心胸不够宽广的表现。我们应当相信朋友的自省能力，对待朋友要宽容大度，只有这样，才能拥有长久真诚的友谊。

3. 永远避免争论

在日常生活中，我们肯定经常会遇到这样的一些事情，两位好朋友为了不相干的一件小事而争论得面红耳赤，甚至发展到口角相加，断绝彼此之间的来往。从每个人最深层的潜意识来看，每个人最爱的人是自己，最相信的也是自己，总认为自己的观点是正确的，如果人们都从这个意识出发，只会引起与别人无谓的争论。当人与人之间在相互争论时，十有八九的争论是没有结果的。所以，不要为逞一时的口舌之快失去友谊。

第二次世界大战刚结束时，卡耐基担任罗斯福先生的私人经纪人。有一天晚上他参加了一个为推崇罗斯福而举行的宴会。宴会中，坐在卡耐基右面的先生讲了一段幽默的故事，并引用了一个成语，意思是"谋事在人，成事在天"。

那位健谈的先生提到，他所引证的这句话出自《圣经》。他错了。卡耐基很肯定地知道此语出处，一点疑问也没有。为了表现自我，卡耐基当场纠正了他。他立即予以回击，反唇相讥道："什么？出自莎士比亚？不可能，绝对不可能，那句话出自《圣经》。"

此时，卡耐基的老朋友法兰克·葛孟也在场。他研读莎翁的作品已多年了。于是他们同意向他请教。葛孟听了问题后，突然在桌下踢了卡耐基一下，然后对卡耐基说："戴尔，你错了，这位先生是对的，这句话出自《圣经》。"

在回家的路上，卡耐基气哼哼地对法兰克说："法兰克，你明知道那句话是出自莎士比亚的！"

"是的，当然。"他回答道，"《哈姆雷特》第五幕第二场。可是亲爱的戴尔，我们是宴会上的客人，为什么要证明他错了呢？那样会使他喜欢你吗？为什么不给他点面子呢？他并没有征询你的意见嘛。你应该永远避免跟人家抬杠。真正赢得优势、取得胜利的方法绝不是这种争论，这样的驳论有时能获得优越感，却永远得不到人家的好感。"

每个人在和他人相处的时候，总是喜欢证明自己是对的，而别人是错的，即使面对的是好朋友。那么为什么有一些人总是喜欢争论？因为他们要表现出自己比别人强，说白了这就是一种虚荣心。一般来说，争论的目的是想给自己争面子，但是事实果真如此吗？不，争论不仅不能给自己争来面子，还会使对方丢了面子，而怨恨自己。

曾任美国财政部长的威廉·麦肯铎，以他多年政治生涯获得的经验，总结出这样一句话："靠辩论不可能使无知的人服气。"争论不可能赢得朋友的好感，更无法获得朋友的支持。

富兰克林年轻时是一个争强好胜的人。在那时候，他觉得"有理树"总种在自己的家门前。这样，他也就常常在不经意间打击着每一位和他意见不同的人，始终没办法跟别人友好相处，从而失去了一个又一个朋友。直到有一天他的一位老朋友给了他尖刻的训斥，这才使他有如醍醐灌顶，猛然醒悟过来。他决心立即改弦易辙，摈弃先前傲慢武断、喜欢争执的毛病。

"我立下一条规矩，"富兰克林说，"决不正面反对别人的意见，也不准自己太武断，我甚至不准许自己在文字或语言上措辞太肯定。我不说'当然''无疑'等，而改用'我想'、'我假设'、'我想象'或者'目前我看来是如此'这些语言。当别人陈述一件我不以为然的事时，我决不立刻反驳，或立即指正他的错误。我会在回答的时候，表示在某些条件和情况下，他的意见没有错；但在目前这件事上，看来好像稍有不妥等等。"

他刚开始做这种改变时，确实觉得跟他的本性相冲突，但久而久之就愈变愈容易，成为他的习惯了。富兰克林说："我很快就领会到改变态度的收获，凡是我参与的谈话，气氛都融洽多了。我以谦虚的态度来表达自己的意见，不但容易被他人接受，更减少了一些冲突。"

强词雄辩，或许能使你获得表面的胜利，却使你同时失去了朋友的好感。

事实上，你在大多数时候，也并不能确定你所持的观点就是对的，而纯粹就是为了好胜而争论。即便你确定自己是对的，也不要试图去让朋友接受你的观点，因为你没有让朋友心服口服的能力。孔子说，己所不欲，勿施于人。所以，当你的观点与朋友的想法发生冲突时，还是闭上你的嘴巴，停止争论吧，否则你会得不偿失。

4. 问候的电话要常打

你是否有这样的体会：某一天，突然发现，好久没有跟同学联系了，可是拿起电话又不知道该说些什么，于是叹一声气，选择了继续沉默。相信很多人都有这样的体会。人际关系往往会随着时间的推移和距离的拉开逐渐地淡漠，等到你再想起来的时候，却发现一切都无法回到从前，长时间没有在一起，使得与朋友之间已经没有了共同话题。那么，该如何让自己的友谊变得长久呢？难道就任由友谊之花逐渐凋落吗？

当然不行，事实上，之所以会出现上面的情况，是因为你想当然地以为没有话说，因而就长时间地不去联系，所以才会越来越没有话说。

如果你能够在此之前，始终与朋友保持联系，那么相信关系不至于如此冷落。有的时候，虽然没有话说，但是我们可以以简单的问候来作为交流的方式，听起来虽然很俗，却非常有用。

李刚和王猛大学时是铁哥们，一个宿舍住了四年，然而毕业之后，两人各自回到自己所在的城市，开始了忙碌的工作，因此，在毕业之后的半年时间里，两个人几乎没有联系过。李刚在一切安顿下来之后，突然想起了自己的哥们儿王猛，想要知道他的近况，但是拿起电话的时候，突然觉得不好意思开口，因为好久都没有联系，一种陌生的感觉油然而生。

但是，他还是决定要问一问，毕竟四年的兄弟情谊不能因此而失去。于是他试探性地发出了一条短信：你现在忙吗？最近在干什么呀？好久都没有联系了。过了一会儿，电话响了，李刚一看是王猛的，赶紧接了。两个人在电话里又恢复了在大学时候的状态，海侃了一通。这一个电话使得两人的关系瞬间拉近了不少。半年的隔阂也消除了。从那以后，李刚经常会发个问候性的短信给王猛，王猛同样也会这么做。两人的感情并没有因为分开而冷淡下来。

每个人都是希望被别人重视和关注的，如果你能时常问候一下自己的朋友，那么当他接到你的问候的时候，心里一定会涌起一股暖流，你在他心中的地位也必然是不一样的。你们的关系也会因为你时常的问候而不至于冷落下去。

无论你多遥远或近在咫尺，千万别忘记抽一点点时间，给你的朋友送上一声问候，哪怕是仅仅"近来可好吗？"的短短几语，也会在不经意间里，让你的朋友真切地感受到你还关心着他（她）。

小曼升职之后，工作一下繁忙了起来。以前还经常和朋友联系，聊一下近况。但是自从做了部门经理，似乎身边的朋友越来越远了。但是事业上的得意与繁忙的工作并没有让小曼感到失落。

一天晚上，她突然想起自己的邮箱有很多邮件还没处理，匆匆打开电脑，发现邮箱里全是好朋友的问候，小曼感到非常惭愧，自己忙着工作，已经好长时间没和朋友们联系了，没想到朋友们心里始终牵挂着自己。

小曼想了很长时间，并对自己做了认真的反省，最后得出结论：无论多忙，都要抽出时间打个电话问候朋友们，联络感情。

问候其实真的很简单，节日里的时候，可以送去一份祝福；平时的时候可以问候一下近况；失落的时候，可以送去一份安慰；开心的时候，可以送去一份祝贺。无论怎样的问候，相信都会让对方感觉到温馨和感动。平日里的一声问候，虽然不起眼，却在人际关系中发挥着无可替代的作用。

太多的时候，我们很想给朋友打一个电话，可在拨动电话号码之时，又害怕打扰朋友或者不知说什么而放弃问候，渐渐地两人之间变得疏远陌生，在陌生中忘却，从此也忘记了那串曾经熟记的电话号码！如果你的记忆里，还依然想起某个朋友，那么就千万别忘记抽点时间问候朋友。不要顾虑朋友是否有时间，也别担心会打扰朋友，哪怕轻轻一句问候或者听听朋友的声音，至少证明自己心中还有着朋友。不在乎给予朋友信件长与短，语言是否优美华丽，哪怕仅仅随意的几个字，也能让朋友明白你心中还有他（她）这个朋友。

5. 不要随便打断朋友讲话

　　培根曾说:"打断别人,乱插话的人,甚至比发言冗长者更令人生厌。"随便打断别人说话或中途插话,是有失礼貌的行为。有些人却存在这样的陋习,结果往往在不经意之间就破坏了自己的人际关系。

　　假设一个人正讲得兴致勃勃,听众也像一群紧追新娘花球的女傧相一样热烈,这时,你突然插嘴:"嘿,这是你在昨天看的事吧?"说话的那个人因为你打断他说话,绝对不会对你有好感,很可能其他人也不会对你有好感。

　　有一老板正与几个客户谈生意,谈得差不多的时候,老板的一位朋友来了。这位朋友插进来了,说:"哇,我刚才在街上碰到了一件奇怪的事情……"接着就说开了。老板示意他不要说了,而他却说得津津有味。客户见谈生意的话题被打乱了,就对老板说:"你先跟你的朋友谈吧,我们改天再聊。"客户说完就走了。老板的这位朋友乱插话,搅了老板的一笔大生意,让老板很是恼火。

　　每个人都会有情不自禁地想表现自己的愿望,但如果不去了解别人的感受,不分场合与时机,就去打断别人说话或抢接别人的话头,这样会扰乱他们的思路,引起对方的不快,有时甚至会产生不必要的误会。

　　比如在一些聚会上,你时常可以看到你的一个朋友和另外一个不认识的人聊得起劲,此时,你可能就会有加入进去的想法。

　　但是你不知道他们的话题是什么,如果你突然加入,可能会令他们觉得不自然,不知道接下来该说什么。更糟的是,也许他们正在进行着一项重大的谈判,却由于你的加入使他们无法再集中思想而无意中失去了这笔交易;或许他们正在热烈讨论,苦苦思索解决一个难题,正当这个关键时刻,也许就是由于你的插话,导致对他们有利的解决办法告吹,到后来场面气氛就会转为尴尬,无法收拾。

要在与人交际时获得好人缘,要想让别人喜欢你、接纳你,就必须要清除随便打断别人说话的陋习,在别人说话时千万不要插嘴,并做到:不要用不相关的话题打断别人说话;不要用无意义的评论打乱别人说话;不要抢着替别人说话;不要急于帮助别人讲完事情;不要为争论鸡毛蒜皮的事情而打断别人的正题。

那些不懂礼貌的人总是在别人津津有味地谈着某件事情的时候,正说到高兴处时,冷不防地半路杀进来,让别人猝不及防,不得不停止谈话。这种人不会预先告诉你,说他要插话了。他插话时有时会不管你说的是什么,而将话题转移到自己感兴趣的方面去,有时是把你的结论代为说出,以此得意扬扬地炫耀自己的光彩。无论是哪种情况,都会让说话的人顿生厌恶之感,因为随便打断别人说话的人根本就不懂得尊重别人。

但是,如果朋友与你说话的时间明显拖得过长,他的话不再吸引人,甚至令你昏昏欲睡,或者谈论的话题让你感到不快,甚至已经引起你的厌恶,你就不得不中断对方的话了。这时,你应考虑在哪一个段落中断为好,也应照顾到朋友的感受,避免给朋友留下不愉快的印象。

虽然在朋友讲话时插话是十分不礼貌的,但如果有必要表明你的意见,非要打断他的讲话时,那么你就必须得掌握一些说话的技巧了。

(1)当你要找交谈者的某一个人处理事情时,可以先给他一些小的暗示,他一般会趁机和你说话。但要注意的是,你不要静悄悄地站在他的身旁,好像在偷听一样。你可以先向他们打个招呼:"很对不起,打断你们一下。"当他们停止交谈时,用尽可能简洁的语言说明来意,一旦事情处理完毕，立即离开现场。

如果你想加入他们的谈话，则可以找个适当的机会，礼貌地说："对不起，我可以加入你们的谈话吗?"或者，大方客气地打招呼，叫你的朋友互相介绍一下，就不会有生疏的感觉了。

（2）交谈过程中，如果你想补充另一方的谈话，或者联想到与谈话有关的情况，想即刻说明，这时，可以对讲话者说"我插一句"，或者说"请允许我补充一点"。然后，说出自己的意见。这样的插话不宜过多，以免扰乱对方的思路，但适当有一点，也可以活跃谈话的气氛。

（3）如果你不同意对方的看法，也不要急着打断他的讲话。但如果问题特别重要，可以先表示一下态度，待对方说完后再做详细阐述。但不管分歧有多大，决不能恶语伤人或出言不逊。即使发生了争论，也不要斥责、讥讽对方。

6. 安慰的话要会说

人生在世，总是会发生一些不尽如人意的事情，由此我们也常常得到朋友的安慰，反过来，我们也需要常常安慰朋友。但是相信很多人都会说："我不知道怎么安慰人。"的确，安慰朋友的时候也要掌握说话的方式，如果你说得不对，往往会让原本伤心的人更加难过。

而且，每个人所遇到的伤心事都是不一样的，如果总是用一些客套话去安慰，肯定不能达到理想的效果。那么我们不妨转换方式，将安慰的话句句说到人心底。

1. 比较式安慰

面对挫折，不同人的心理是不同的。有的人同强者相比，会产生

"比上不足"的心态，这时往往会灰心、泄气。有的人发现有比自己更加不如意的人，便会产生"比下有余"的安慰感，就能有效地排解嫉妒、绝望等消极情绪，而代之以"知足"乃至振奋的情绪。

刘洋去年参加高考发挥失常，差5分没能上本科线。看到同班同学一半人考取重点大学，平时比自己差的也考上了本科。他痛苦、失落。妈妈擦干眼泪，咬咬牙说："复读去，明年再考！家里砸锅卖铁也供你！"刘洋伤心地哭了，他10岁丧父，母亲靠做针线活儿养家糊口，他不忍心啊。

这时表哥来了，他问清情况后，乐呵呵地说："全国800万考生，考上本科的200多万，是少数。落榜的300多万，你比他们强嘛！'宁做鸡头，莫当凤尾'，你在专科生中是名列前茅的，完全可以进重点大学的专科，再凭自己的努力争取一个专升本的名额，四年后你也是重点大学的本科毕业生！哈哈！"几句话说得刘洋母子破涕为笑，高高兴兴准备上大学去。

2. 转移式安慰

用巧言妙语转移对方的心理焦点，以淡化其伤痛的思绪，达到安慰的目的，这是安慰死者家属常用的一种方法。安慰时，尽量少提及、不提及死者，让他们暂时忘记那些无法挽回的不幸，引导他们向前看，走出痛苦的阴影。

袁肖的大哥死于胃癌，他第三天从外地赶回来，只见嫂子和侄儿、侄女号啕大哭，痛不欲生。袁肖并不多问大哥的病情，只是专注地听嫂子的诉说，待她尽情倾诉得差不多后，袁肖关切地说："大家节哀顺变。说说往后的生活吧，都有哪些困难呢？"侄女、侄女婿说："妈退休了，一个人在家没人照应，我们接她过去住……"侄子说："我读硕士研究生班，还有两年毕业。妈甭操心，我搞勤工助学，帮导师做课题研究，有一些收入，家里不用给我寄钱了。"袁肖说："嫂子呀，你女儿、女婿这么孝顺，儿子这么懂事能干，你今后真有福气哦！往后嫂子有啥困难，只管说，老弟一定帮忙！"一番安慰话，使死者家属的心平静下来，踏实起来，看到了生活的希望。

3. 分析式安慰

安慰别人最容易犯的一个毛病，就是火上浇油，把人家刚平息的情绪又煽动起来。怎样把别人心上的怨气和怒火扑灭，使其恢复心态平衡呢？有效的方法是帮助对方做理性的分析，弄清事情的是非曲直、利害得失，使他头脑变得清醒起来。

王皓和李梅是一对相恋了6年的情侣。前年王皓去澳大利亚留学，李梅拿出自己全部积蓄资助他。可两年不到王皓就另有所爱，甩掉了李梅。失恋的李梅悲愤交加，不能自已。来安慰的人不是臭骂"王皓不是东西"，就是责备"李梅上当受骗"，使失恋者伤心之余，又多了一份窝囊和寒心。

当李梅痛不欲生时，她表姐来了，推心置腹地说："表妹哦，不值得那么伤心嘛。王皓失去的比你更多，他失去了你这位纯洁、漂亮的姑娘，失去了诚信和人格，终生都会受到正义和良心的谴责。你付出了10万元，认清了一个根本不值得你留恋的人，也值！钱，身外之物而已，丝毫无损于你的品格和形象，东方不亮西方亮，你肯定是笑到最后的人！"表姐巧妙的安慰话使李梅逐步走出了失恋的阴影。

4. 激励式安慰

安慰别人时，不纠缠于不幸事件的本身，抓住时机，以巧言妙语激励对方跳出苦恼，积极进取，达到安慰的目的。

某中学分配教师住房时，竟把住房十分困难的女教师吴兰排除在外，理由是她表现不够好。吴兰得知后，觉得委屈万分。

晚上，吴兰的大伯听说侄女闹情绪，特意过来看她。吴兰泣不成声地诉说："我……教两个班高三语文，高考成绩比谁差啦？……我搞语文教改试验，提高学生的口语表达能力，错在哪里呢？……"大伯静静地听吴兰诉说，让她尽情宣泄之后，意味深长地说："兰兰，不就是暂时分不到房子吗，没啥了不得的！你还年轻，让你多吃点苦，锻炼得更坚强些，是好事嘛！大伯相信，你在这张小书桌上也能写出语文教改成功的好经验来！"

吴兰听了大伯的话，心情开朗多了。送走大伯，便在小书桌上一丝不苟地备起课来。

良言一句三冬暖，安慰人的时候一定要"量体裁衣"，如果一种方法行不通，就换一种思维方式，相信只要你懂得了安慰人的艺术，句句都能暖人心。

7. 对待朋友的请求，不要斩钉截铁地拍胸脯

有一句话说得很好：从你承诺的那时开始，你就欠下了别人的债务。欠债不还，岂不诚信大跌，威望全无！所以，我们要记住一句话：不要轻易承诺，一旦承诺，就要千方百计去兑现！

一个人的诚实与信誉是他获得良好人际关系，走向成功的基础，而能否兑现承诺便是一个人是否讲信用的主要标志。当你要答应某人去做某事之前一定要思虑再三，因为"言必信，行必果"是人们的一种期望。但是生活中有许多事情是超越个人能力范围之外的，总有一些诺言是难以实现的，因此在这种情况下，就要坦诚地面对事实，及时求得当

事人的谅解。

因为，当朋友没有得到你的承诺时，他就不会心怀希望，更不会耗费时间焦急地等待，自然也就不会承受失望所带来的打击。相反，你一旦承诺，无疑是在他心里播下了希望的种子，这个时候的他可能会拒绝其他人的帮助，一心一意等待你兑现承诺，但是如果你没有达成他的愿望，就会延误他寻求其他帮助的时机，相当于扼杀了他的美好希望。

如此一来，你在他人心目中的形象就会直线下跌，别人因你不能信守承诺而不相信你了，从此不愿意再与你打交道，那么，你只能孤军奋战。有些人在生活或工作上经常不负责任，许下各种承诺，而不能兑现承诺，结果给别人留下恶劣的印象。如果承诺某种事，就必须办到，如果你办不到，或不愿去办，就不要轻易答应别人。

某高校一个系主任，向本系的青年教师许诺说，要让他们中三分之二的人评上中级职称。但当他向学校申报时，出了问题，学校不能给他那么多的名额。他据理力争，跑得腿酸，说得口干，还是不能解决问题。他又不愿意把情况告诉系里的教师，只对他们说："放心，放心，我既然答应了，一定要做到。"

最后，职称评定结果公布了，众人大失所望，把他骂得一钱不值。有人当面指着他说："主任，我的中级职称呢？你答应的呀！"

校领导也批评他是"本位主义"。从此，他既在系里信誉扫地，也在校领导跟前失去了好感。

很多情况下，诺言能否兑现，除了需要主观的努力，也被很多客观因素影响着。有些事情本来成竹在胸，但是由于一些意外情况使事情发生了变化，一时之间无法办到，这是常有的事情。因此，无论是在生活中，还是在工作中，都不要轻易许诺，许诺时更不要斩钉截铁地拍胸脯保证，应该给自己留下一定的余地。当然，这种留有余地不是给自己不作努力寻找理由，而是在自己并无把握办到的情况下给自己留下一条退路。

给人承诺时，不要把话说得太满，不要认为天下没有自己办不成的事情，这样很容易给人留下说大话、吹牛皮的虚伪形象。因此，在帮助他人的时候一定要弄清情况，依自己的能力去采取相应的承诺方式。以下介绍几种不失分寸的承诺方法。

（1）对不是自己所能独立解决的问题，应采取隐含前提条件的承诺。

如果你所做的承诺，自己一个人不能单独完成，还要求别人帮忙，那么你在承诺中可带一定的限制。

比如：你承诺帮朋友办理家属落户的问题，这涉及公安部门和国家有关政策，你不妨这样说更恰当一点："如果以后公安部门办理农转非户口，而且你的条件又符合有关政策，我一定帮忙。"这里就用"公安部门办理""符合有关政策"等对承诺的内容作了必要的限制，既见自己的诚意，又话语灵活，具有分寸，还向对方暗示了自己的难处（也要求别人），真是一石三鸟。

（2）对把握性不大的事儿，可采取弹性的承诺。

如果你对办成事情的把握不大，就应该把话说得灵活一些，给自己留下伸缩的余地。例如，使用"尽力而为""尽可能"等较大灵活性的字眼。这种承诺能给自己留一定的回旋余地。

（3）对时间跨度较大的事情，可采取延缓性承诺。

有些事情，当时的情况认准了，可是由于时间长了，情况会发生变化。那么，在你承诺中可以采用延缓时间的办法，即把实现承诺结果的时间说长一点，给自己留下为实现承诺创造条件的余地。

比如，有人要求老板给自己加薪，老板可以这么说："要是年终结算公司经济效益好，公司可以给你晋升一级工资。"用"年终结算"一语表示实现承诺时间的延缓,显得既留有余地,又入情入理。

诚信一直以来就是看待一个人的行为标准,所以做人一定要言而有信,因此在做出承诺的时候不能信口开河,随便答应,千万不要拍着胸脯做根本没有把握的承诺。"空头支票"害人害己,承诺过的事情就必须做到,否则你的行为只会让人远离你,让你成为人际交往中的孤岛,从而失去很多的朋友。

第八章

临危不乱，妙语摆脱窘境、远离尴尬

　　意外总是会时不时地出现在我们的生活中，当我们因一时的失误或者是他人的捉弄而在公共场合出丑的时候，总是会尴尬无比，下不来台。这个时候就需要我们发挥语言的作用，用巧妙的语言将众人的注意力转移，或者是给自己铺一个台阶，帮助自己摆脱窘境。只要我们使用得当，不仅可以让我们化解尴尬，还能让自己赚足人气。

1. 言语失误时忌乱分寸

在日常交际中出现言语失误是非常普遍的事情，无论你是一个口齿伶俐的人，还是一个学识渊博的人，都免不了会有说错话的时候。而一旦言语失误，就有可能会对他人造成伤害，或者是授人以柄，造成人际关系的紧张，甚至会因言语失误而给自己带来灾祸。所以，在说话的过程中，我们一定要尽量避免言语失误。而万一出现了言语失误，也要想办法弥补，切不可因为失误而紧张万分，不知如何收场。

实际上，很多时候，言语失误都是可以通过另外的言语掩饰过去的，只不过很多人在出现失误之后，不知所措，结果不仅造成他人的尴尬，也使自己陷入难堪境地。由于各种各样的原因，言语的失误不可避免，但是我们可以通过其他的办法降低或消除言语不当造成的影响。当我们意识到自己的错误时，就应该及时补救，用巧妙的语言掩饰自己的口误。只有这样，才能化解对方的尴尬，同时解除自己的难堪。

杜玲去参加大学同学的婚宴。这对新人都是杜玲的大学同学，可以说杜玲是见证了他们的爱情，看到他们最终修成正果，杜玲也为他们高兴。当轮到杜玲向新人祝福的时候，杜玲激动地说："走过了恋爱的季节，就步入了婚姻的漫漫旅途。感情的世界时常需要润滑。你们现在就好比是一台旧机车……"说到这里，杜玲意识到自己说错了话，她本来是想要说"新机车"的，一时口误说成了"旧机车"。于是，她马上停了下来。

这对新人的不满溢于言表，这也难怪，在大喜的日子里，有人偏偏来给你添堵，想高兴也难哪。前来参加婚宴的所有人都盯着杜玲，看她接下来要怎么说。杜玲心里也急啊！本来想得好好的，将一对新人比作新机车，希望他们能够少些摩擦，多些谅解。谁知道出了这么一个岔子。但是幸好杜玲够机灵，马上想到了补救的办法。

只见她不慌不忙地顺口接下去："你们现在就好比是一台旧机车装上了新的发动机，愿你们以甜美的爱情为润滑油，加大油门，开足马力，朝着幸福美满的生活飞奔吧！"此语一出，一对新人脸上乐开了花，顿时这个婚宴现场掌声雷动。

当你在生活中由于言语失误，一不小心说错了话，惹怒了他人，你不必焦急和烦恼，也无须立刻道歉，因为这都不能解决问题。在这种情况下，最好先稳住心神，保持情绪的稳定。只有这样，你才能够从失误的语言本身着手，将失误的语言转化为美好的语言。就如同案例中的杜玲一样，将错就错，顺势就将错处续接下去，巧妙地改变了语势，将原本令人尴尬的错误言语变成了美好的祝福。

即使是那些经常妙语连珠的人，也有说错话的时候，但是他们不会因为说错话而得罪他人，原因就在于他们懂得如何化解错误的言语带来的不良后果，这就是说话的艺术。在特定的环境下，只要我们能够冷静应对，一定可以用自己的方法为自己的错误"打圆场"，绕开敏感的内容，从而消解误会。

言语的失误不仅会造成对他人的伤害，从而影响自己的人际关系。在某种特定的环境下，还会因为言语的失误而引起众人的一致谴责，大大损害自己的形象和声誉，甚至授人以柄，为自己招来祸患。历史上，有不少人因为言语失当而招来祸患。所以，即使不是在人际交往中，我们也必须要懂得如何为自己错误的言语辩解，将灾祸消弭于无形。

阮籍是一个直性子的人，想到什么就说什么。有一天在上早朝，忽有人奏报："有逆子杀死了他的母亲！"阮籍顺口说了一句："他杀父亲也就罢了，怎么能杀母亲呢？"此言一出，满朝文武都对他怒目而视，众人纷纷指责他，认为他此话"大逆不道"。

阮籍自然也知道自己说错了话，搞不好会因为这一句话丢官去职，甚至脑袋搬家也有可能。于是他脑筋一转，就想出了应对的法子。他对众位大臣说："众位同僚不要误会，我的意思是说，禽兽虽不知其父，也知道其母，万万不会杀死自己的母亲。杀父的人已然和禽兽无异，此人连自己的母亲都杀了，那就更加禽兽不如了。"

阮籍避开了众人正常的思维，用另一种思维方式重新解释了自己的话，且句句在理，不由得那些大臣不服。就这样，他平息了一场风波，保全了自己。

人在很多时候，就是需要有辩才，否则当别人误解你的话时，你连解释的能力都没有，误会丛生，对自己就没有什么好处了。总而言之，当说错话遭到他人的指责时，我们一定要保持理智，切记不可乱了方寸。

2. 故意拿自己开"涮"化解冷场

在交际场合中经常会发生一些令人尴尬的事情，如果我们置之不理，不仅会令自己难堪，还会造成冷场的局面；如果我们斤斤计较，那会令局面更加难以收拾。在这种情况下，我们应该从容以待，学会用自嘲的办法，让尴尬变成笑声，在笑声中使场面再次活跃起来。

自嘲是一种智慧，也是一种充满魅力的交际手段。在交际的过程中，有些别有用心的人可能会故意给我们难堪，在这种情况下，如果我们大发雷霆，反唇相讥，那么不仅会显得我们特别没有风度，还会让场面陷入僵局。因此，我们必须要懂得如何自嘲，用自嘲的方法反击对方，既不失风度，又能让对方知难而退。

伟大的作家萧伯纳的剧本《武器与人》首次公演，应观众们的要求，萧伯纳上台接受他们的祝贺。然而，萧伯纳刚刚走上台，就听到有一个人大声地对他喊道："滚回去，谁要看你的剧作，糟透了，收回去吧！"

一瞬间，本来热闹的会场一下子安静下来了，所有的观众都屏住呼吸，等待着一场暴风雨的降临。但是奇怪的是，萧伯纳并没有表现出任何生气的样子，反而面带笑容地对那个人鞠了一个躬，然后说："我的朋友，我完全同意你的意见，但遗憾的是……"说着，他将手指指向了剧场里的其他观众，又说道："我们两个人反对这么多观众有什么用处呢？我们能禁止这剧本演出吗？"

剧场爆发出热烈的掌声和笑声，那个故意寻衅的人灰溜溜地离开了剧场。

在交际场合中，那些故意令你难堪的人，其目的就是要让你大发雷霆，让你失去风度，从而搅乱整个场面。所以，如果你真的如他所愿，那么你就上当了。在这种情况下，一定不要生气，也不需要据理力争，你大可以在表面上顺从对方的意思，然后用自嘲的方式暗地里讥讽对方。这样，既能令对方知难而退，又能用幽默的方式让那些因为对方的咄咄逼人而不知所措的其他人会心一笑。何乐而不为呢？

事实上，当别人故意给我们难堪的时候，我们完全没有必要和对方相争，因为其他的大多数人都是站在我们这一边的，即使让他在语言上占了上风，也无所谓。只要我们能够运用自嘲的办法博得大家会心一笑，尴尬的局面自然就冰消瓦解，一切又可以恢复到正常。相反，如果我们大吵大闹，与对方进行激烈的争辩，那么场面恐怕就不易控制了。

每个人都有自己的长处和短处，而我们的短处往往就会成为别人调侃的对象，如果我们为此而动怒，那么就只能说明我们是小肚鸡肠的人。所以，当别人调侃我们的短处的时候，我们没有必要遮掩、躲避这样的话题，大可以顺着对方的意思自嘲一番，将其放大、夸张或者是剖析，然后博得众人的一笑。比如著名演员葛优，有一个显著的特征就是秃顶，当别人调侃他的时候，他就说："热闹的马路不长草，聪明的脑袋不长毛！"小品演员潘长江个子矮，他却可以自豪地说："浓缩的都是精华！"

在社交的场合，除了别人会一不小心让我们陷入尴尬当中，有的时候，由于无心之失，我们也有可能会把别人推向尴尬的境地，造成冷场的局面。这个时候，我们依然可以运用自嘲的办法，化解尴尬，让对方在笑声中从尴尬境地解脱出来。

一群二十几年不见的同学在一起聚会，其中有一男一女两个人曾经是同桌，因此，说话的时候就非常随意，互相调侃。但是那位女同学的丈夫前不久因病去世了，而那个男同学并不知道，因此，在调侃对方的时候，一直提及女同学的丈夫。旁边有一个同学眼看局面越来越不对劲，连忙阻止那个男同学，可是男同学不以为意，玩笑越开越厉害。

另外那个同学实在是听不下去了，就对他说出了实情。那个男同学意识到自己说错了话，怪不得那个女同学一直一声不吭呢。为了化解尴尬的局面，他一巴掌打在自己脸上，然后说："你看我这嘴，几十年过去了，还和当学生时一样没有把门的，不知高低深浅，只知道胡说八道。该打嘴！该打嘴！"

其他同学见状都哈哈大笑，那女同学也忍俊不禁，拍了他一巴掌，然后笑着说："行了，行了！我还不知道你啊。再说了，你也不知道，不知者不怪。"就这样，场面重新活跃起来，这些人继续推杯换盏，言笑甚欢。

古人说："一笑泯恩仇。"任何尴尬和误会在笑声中都很容易消除，特别是在社交场合，一旦因自己的失误造成了别人的尴尬和自己的不好下台，导致所有的人都屏气敛神。最聪明的做法就是拿自己开涮，让大家在笑声中从尴尬境地走出，场面自然可以重新活跃起来。

总而言之，在社交场合，冷场是要不得的，只要是冷场的产生和自己有关，我们都可以运用自嘲的办法来化解。一个人能够拿自己的缺点和缺陷来开涮，体现出的是这个人良好的修养。这能够使别人从中看到自己的优秀，使得更多的人愿意与自己交往。

3. 背后说人被当事人听到时该怎么处理

俗话说:"谁人背后无人说,谁人背后不说人。"生活在这个社会中,我们每一个人都会成为别人谈论的对象,而我们本身也一定会去谈论他人。背后谈论他人的时候不可能都是褒扬某一个人,批评是不可避免的。即使我们是站在客观的角度来看待某一个人,我们的议论也有可能会得罪被议论的对象。所以,在大多数的时候,我们总是避免自己的议论被当事人听到。但是"常在河边走,哪能不湿鞋",百密总有一疏,万一我们正在议论别人的时候,被别人听到,又该怎么处理呢?

那种尴尬的情景,恐怕很多人想象都不敢想象,就像是做贼,被人抓个现行一样,要多难受有多难受。有的人或许认为,自己所说的每一句话都是事实,即使被对方听到也无所谓。但是即使你说的是事实,只要是不好的话,也会让对方对你心怀怨恨,你必然要为此而付出代价,轻则造成关系破裂,重则会大打出手。如果不愿意看到这样的结果,我们就必须想办法弥补。所以,当我们在背后说人被当事人听到的时候,就是考验我们应变能力的时候。

乾隆时期的礼部尚书纪晓岚与乾隆皇帝之间发生的一件事情,堪称是这方面的经典。一天,纪晓岚在书房迎候皇上,当乾隆皇帝出门走的时候,他就问身边的人:"老头子走远了吗?"谁知这话竟被刚刚出门不远的乾隆皇帝给听到了。

被人背后称为老头子,乾隆皇帝自然是不乐意的,于是他责问纪晓岚是什么意思。纪晓岚也知道事情不妙,哪有大臣在背后称皇帝为老头子的。不过他急中生智,慢条斯理地解释说:"万岁爷不要发怒,奴才之所以称您为'老头子',是对您的尊敬。'万寿无疆'称为'老';'顶天立地'称为'头';皇上称为'天子'。这就是我称您为'老头子'的缘故。"

一番花言巧语把怒气冲冲的乾隆皇帝说得心花怒放,宽恕了纪晓岚的"大逆不道"。

虽然人人都会在背后说人,但是每一个人都不希望有人在背后说自己,一旦听到别人说自己,往往会非常生气。如果你不想因此惹怒一个人而与这个人断交的话,你就必须发挥自己"三寸不烂之舌"的功夫,巧言掩饰,消除对方的怒气。像纪晓岚一样,他就是通过对"老头子"这个常见的词语进行新的解释的方法,将原本不好听的话变成了吉祥话,才使得乾隆皇帝转怒为喜。

背后说人被当事人听到是非常尴尬的场面,但是如果我们在这个时候戛然而止,那就更加显得我们心虚,的确是在背后说人的坏话。所以,越是在这个时候,我们越是要保持镇定,将刚才的话继续下去。当然,继续下去的话不能是继续说对方的坏话,而是要说对方爱听的话。比如说,我们正在批评某人做事做得不对,忽然注意到对方正在旁边,这个时候,我们可以话锋一转,来个"但是",将不好的话就变成了好话。

有一次,一个人在公司里和搞卫生的阿姨吵了一架,后来被上司叫进了办公室。其余的同事都在议论纷纷,王冬也加入了议论的行列当中。正在大家说得高兴的时候,那名同事已经垂头丧气地回来了。其他人纷纷住口,只有王冬正说得高兴,没有注意到。他还在对其他同事说:"你说这个人吧,他怎么跟一个保洁阿姨一般见识,还当着那么多人的面吵架,影响多不好……"

突然,王冬眼睛一瞟,看见了那个同事,王冬心里"咯噔"一下,不过，瞬间他又恢复了镇定，紧接着说："不过呢，我是很佩服他的，而且很感谢他。其实我早就对那个保洁阿姨有意见了，天天随便把我们办公桌上的东西带走，有的时候，准备好的文件就被她当垃圾给扔了。真是让人生气。他这一吵，公司的领导肯定就知道了，以后就不会再发生这样的事情。这可不是为我们大家做了好事。"说完之后，王冬哈哈一笑，然后一转身，看到了那个同事，他若无其事地走到那名同事跟前，打了声招呼，"嘿，你回来了，还好吧。"那同事点点头说："嗯，没事！谢谢。"王冬心里一乐，幸亏自己够机警，要不可就难以收拾了。

无论用哪一种掩饰的方法，只要我们能够让自己对别人批评的话转化为赞美的话，那么就不会因此和对方产生隔阂。当然啦，这一切是建立在我们拥有良好的心理素质、卓越的口才和快速的应变能力之上的。当然，如果我们的话实在是难以掩饰，那么我们也只好暂时住口，以后找个好机会，真诚地向对方道个歉，或许也可以挽回局势。

4. 当场被人捉弄出尽洋相时的应对措施

每个人在别人的面前都非常想维护自己的形象，谁也不愿意当众出丑，因为那种尴尬的场景实在是让人不知所措，难以接受。但是有些时候，却不是我们所能掌控的。即使我们小心翼翼，也难以阻挡他人对我们的捉弄。比如说，当你想要坐下的时候，别人突然从身后把凳子抽走，然后我们一下子坐在了地上；有人在我们的背后贴了一张画着乌龟的纸……

因被人捉弄而出尽洋相的事情屡见不鲜，这些人也许并没有恶意，只是要开一个玩笑，或者是乐一下。但是对于我们来说，这样的洋相是非常难堪的。因为它毁掉了我们在公众面前的形象，会遭到别人的嘲笑。这种心理上的伤害是无法弥补的。然而，我们却又不能向捉弄我们的人发火，因为那不仅会让我们更加尴尬，还会让别人认为我们是一个不能开玩笑的人，从此远离我们。

李峰是一名大学生，这天去上课的时候，他被人捉弄了一回，凳子被人拉走，一下子坐在了地上，周围的同学都哈哈大笑。他虽然很生气，但是都是一个班的同学，他也没说什么。等到下午上课的时候，一到班里面，他就大骂起来。原来，上午他摔倒的时候，有人在他的背后偷偷地贴了一张纸条，他也没有感觉到，而那名贴纸条的同学下课的时候也忘了告诉他，结果他就带着那张纸条在学校里转了一大圈。这让他实在忍不住了，因此，一到班里面就大骂起来。

那名贴纸条的男生一听他骂人，就不乐意了，说："不就是跟你开个玩笑吗？你至于吗？再说，我不是忘了吗？"李峰依然不依不饶地说："你忘了。你干什么吃的，不长脑子啊！你怎么不往自己身上贴啊。"两人你一言、我一语，越吵越凶。若非同学拉着，两人早就打了起来。从那以后，两人就结了仇，互相不再搭理。而且他的同学也不敢再开李峰的玩笑，甚至都不太愿意和他在一起。

出尽洋相的时候虽然很尴尬，但是我们也无可奈何。即使我们当场发作，与捉弄自己的人大吵一架，也无济于事，反而会让自己难堪。所以，当我们面对这样的情况的时候，要做的不是找谁算账，而是怎样摆脱尴尬的境况，不要让自己的形象被毁了。所以，我们可以从以下几个方面入手。

1. 保持情绪的稳定

当尴尬的局面出现的时候，瞬间的不自在是在所难免的，但是心里绝对不能慌乱。一来心慌无济于事，又容易让别人觉得懦弱；二来心慌的时候更容易出错，那么又可能出现更多的更大的糗事。当我们表现得若无其事的时候，对方笑笑也就算了，绝不至于使这件事情被放大。

2. 走为上策，逃离出丑现场

三十六计，走为上策。当我们实在无法化解尴尬的局面时，我们就只能逃离现场，失去我们这样一个主角，其他的人就会失去兴趣。这样一来，再也不会有人观察我们的洋相，我们也不必忍受别人的视线和嘲弄。

3. 放低姿态，拉近角色距离

一直以来扮演淑女的人，突然跌了一跤，影响了自己的形象。这里的角色错位实质上包含两个角色，一个是安静淑女的社会角色，另一个属于遭受意外的自然人角色。这时候，把这两个角色拉近，便可以在内心深处化解出丑的尴尬了。比如自我解嘲一下，"什么人都跌跤，但我起来的姿势还比较淑女"，这里其实暗示大家什么人都会跌倒的，每个人都是自然人，然后在大家的微笑中悄然离去。

4. 开个玩笑，幽自己一默

最幽默的人，是最能适应环境的人。幽默是人际交往的润滑剂，也是解决出丑尴尬的好办法。当我们被人捉弄，陷入尴尬的局面时，我们可以用幽默的语言来化解。比如，当我们被人捉弄得摔在地上的时候，我们可以这样说："哎哟，刚才地上有100块钱，我急着去捡，也没捡着，你们谁捡走了，快点还给我。"

5. 采取灵活的措施应对别人的当众指责

每个人都会有被人当众指责的经历，因为在很多情况下，我们所做的事情未必合别人的心意，即使在我们自己看来并没有做错。再加上某些人脾气暴躁，或者是地位超然，那更加不会顾及我们的感受。

被人当众指责是一件非常没有面子的事情，胆小怕事者会因为对方的指责而陷入窘境；脾气暴躁者则会因此而与对方发生争吵。而这两者都不是最好的解决办法。事实上，由于引起对方指责我们的原因不同，我们可以据此采取灵活的应对措施。但是无论是因为我们做得不对，还是因为对方的误解，我们在处理这样的事情的时候，都要记住不能硬碰硬。

朱晓是一家商场的营业员。有一次，她接待了一位女顾客，这名女顾客挑选东西十分挑剔，足足用了十几分钟还没有选定。这个时候，又有一个顾客进门，其他的营业员也都在忙碌。朱晓见到这种情况，就去接待新来的顾客了。

这一来，那名女顾客不干了，她一甩脸子，大声地对朱晓喊道："你这是什么服务态度，你没看见我先来，他们后来吗？为什么扔下我不管了。"这指责好没来由，朱晓气往上冲，但是作为一名服务人员，又不能因此与顾客发生争吵。她深吸一口气，压住火气对那名女顾客说："请您原谅，我们店生意忙，对您服务不周到，让您久等了，我服务态度不好，欢迎您多提宝贵意见。"

这话说得毫无破绽，那名女顾客也挑不出什么理了，反倒觉得自己刚才的行为有点过分了，于是她对朱晓说："我的话说得不好听，也请你原谅。"

既然对方已经当众指责我们了,那么就必定有他自以为的原因,我们如果不想让对方滔滔不绝说下去,不想因此而与对方发生冲突,那么首先要做的就是熄了对方的火,让对方无火可发。所以,当有人指责我们的时候,我们必须学会"以柔克刚"的办法,让对方的"火气"对上我们的"和气",这样就失去了发火的理由和动力,自然会降温熄火了。所以,说一些软话虽然"柔情似水",却"力抵千钧",再有效不过了。

硬碰硬是处理这类事情的大忌,当对方指责我们的时候,一定是充满火药味的,如果我们丝毫不让步,那么必然激起对方更大的怒火,到时候就一发不可收拾了。不但我们会在尴尬的局面中下不了台,甚至还会因此影响我们与对方的关系。但是在处理这样的事情的时候,很多人还是压抑不住心中的怒火,因为在很多人看来,对方的当众指责是毫无道理的,自己没有必要让步;即使是因为自己做错了,对方也不应该当众指责自己,为了维护自己的面子,势必要与对方硬抗到底,结果造成了无法收拾的局面。

徐斌在一家模具厂工作,这一天要对车间进行盘点。作为车间主要负责人的徐斌对盘点事项做了详细的安排。就在大家忙得团团转的时候,上司不知道什么时候过来了。他转了一圈之后,立刻喊道:"停下来,停下来。"

上司把徐斌叫过来,告诉他这样的盘点方式是不对的,并告诉他应该怎样做,而且一再强调那是他多年的工作经验。但是徐斌认为上司的指责没有道理,自己的盘点方式才是最有效的。于是据理力争,最后惹得上司大喊道:"让你怎么做,你就怎么做,哪里来的那么多废话。"气愤的徐斌一甩手离开了车间。

事情过去之后，徐斌向同事打听那天他走了之后的情况，同事告诉他，那天他走了之后，上司还是按照他原来的布置进行了盘点。徐斌扬扬得意，认为最终还是自己胜了。但是事实上，那件事情已经造成了他和上司之间的裂痕。后来几次升迁的机会都没有徐斌的份儿，最终徐斌不得不自己离开了公司。

即使是在我们有道理的情况下，面对对方的指责，我们也不应该直接与对方硬碰硬，尤其是面对比自己的地位更高的人。在我们有理的情况下，我们自然是不愿意在大庭广众之下失去面子，但是不要忘了，对方一样不愿意失去面子。当我们对他的指责进行反驳的时候，就一直在削他的面子，他为了维护自己的面子，即使最后使出最不讲理的招数，也是有可能的。面子很重要，但是人际关系更重要，为了面子毁了自己的前途是不值得的。

其实，只要是我们有理，那么顺从一下对方的指责，让对方有个台阶下，指责也就结束了，我们并不会因此而折了面子。更何况，在私底下，我们还可以找对方说明原委，面子即使是失去，一样可以找回。

一块巨石如果落在一堆棉花上，则会被棉花轻松地包在里面。对付正在盛怒中的指责我们的人，最好就是以柔克刚，只有这样，才能够"四两拨千斤"。以刚克刚，永远是两败俱伤的结局。当然，如果对方是故意要在大庭广众之下让我们下不了台，那么我们也不必跟他客气，只要我们能够言之成理，让对方的指责站不住脚，那么不用我们去指责他，旁观的人自然就会让他下不了台。

6. 面对奚落，顺水推舟巧应对

在生活中，我们不可能和每一个人都保持良好的关系，再加上有一些人喜欢以奚落别人取乐。所以，被别人奚落是经常会发生的事情。面对别人的奚落，大多数人都会异常愤怒，进而与对方展开无意义的争吵。而这中了对方的圈套，他之所以奚落你，就是要看你暴跳如雷的样子。所以，面对别人的奚落，我们应该保持平静，用巧妙的语言，顺水推舟，将奚落的语言回敬给对方。这样，对方不仅没能看到你暴跳如雷的样子，还成了被奚落的人，自然会灰溜溜地离开。

著名的戏剧家萧伯纳非常善于打"反奚落"战。萧伯纳是一个非常瘦削的人。有一次，他遇到一位大腹便便的商人。那个商人想借机奚落他，于是说："人们看见你，就知道世界上正在闹饥荒。"萧伯纳不慌不忙地说："人们看见你，就知道闹饥荒的原因了。"萧伯纳就这样借用那个商人的话，在字面上稍加变化，就回敬给了对方。而这句话经过萧伯纳的加工，包含辛辣的讽刺，将那商人唯利是图、为富不仁、奸诈狡猾的为人无情地揭露了出来。

还有一次，有一个资本家想在众人面前羞辱萧伯纳。他大声地对众人说："人们说，伟大的戏剧家都是白痴。"萧伯纳笑着回敬道："先生，我看此时此刻你就是最伟大的戏剧家。"那资本家想要羞辱萧伯纳，反而被萧伯纳给羞辱，气得脸都绿了。

当别人奚落我们的时候，我们不能逆来顺受，最好的办法就是能把奚落的语言还给对方，这就需要我们在语言上下功夫。通常情况下，旁

第八章 // 临危不乱，妙语摆脱窘境、远离尴尬

人奚落我们都会抓住我们的某一个特点进行贬低性的描述，这个时候，我们可以顺水推舟，来个"斗转星移"，借用他奚落的语言去奚落他的某个缺点，用这样的方式来应对他人的奚落，可以不动声色、像开玩笑一样，把本可能发生在自己身上的尴尬，转移到对方的身上。

实际上，顺水推舟就是一种隐形的反击，当别人对我们进行奚落的时候，我们不可能无动于衷，但是如果我们在公开的场合，恶狠狠地与对方发生冲突，倒显得我们没有度量，因为在大多数情况下，奚落的语言的外在表现就是在开玩笑。而顺水推舟，则是以其人之道，还治其人之身，将回击隐藏于玩笑式的话语中，既可以反奚落对方，又可以制造一种幽默的氛围，赢得其他人的赞赏。

几乎没有一个人会把奚落的本意直接表述出来，所有的想要奚落别人的人都会诉诸于一种语言形式，而当我们从对方的语言中听出奚落的本意的时候，我们完全可以按照对方的语言形式进行反击。

《永乐大典》的编纂者解缙堪称是诗词名家，他自幼好学，7岁的时候就能诗善文。当时已经告老还乡的李尚书不相信解缙有坊间传闻的才华，于是他宴请当时的几个权臣显贵，并派人把解缙找来，想借机奚落他一番。

解缙到了李尚书的家门口，看到大门紧闭。家丁告诉解缙主人吩咐要他从小门进入，解缙知道这是故意折辱于他，因此坚持不入。李尚书闻讯赶来说："小子无才嫌地狭。"解缙答道："大鹏展翅恨天低。"李尚书听了这话，就打开了大门。

刚入席，就有人开始发难，其中一人故意要嘲笑解缙母亲在家做豆腐、父亲挑上街叫卖的贫寒身世，于是要他以父母的职业为题，做一副对子。解缙当然知道对方是要奚落自己，但是他毫不推辞，张口吟道："户挑日月上街卖，手把乾坤日夜磨。"那权贵哑口无言，败下阵来。

紧接着，另一个人看到解缙穿着绿袄，便以此做成一联讥讽于他，

"井里蛤蟆穿绿袄。"解缙看到对方穿着红袄,于是回应道:"锅中螃蟹着红袍。"那人一听解缙把自己比成了一只死螃蟹,虽心中窝火,却也无处发泄。

最后一个出场的是李尚书本人,他手指天上,自鸣得意地说:"天作棋盘星作子,谁人敢下?"解缙脚往地下一顿,说:"地作瑟琶路作弦,哪个能弹!"这一对又压下了李尚书。李尚书既感无可奈何,又觉啼笑皆非。

解缙知道这样下去终非了局,于是举杯说道:"难得今日群才雅集,我愿题赠一联助兴。"李尚书听了,赶忙让人拿来了文房四宝。解缙挥毫泼墨,当即写下了一联,然后掷笔而去。众人走过来一看,个个瞠目结舌,那副对联是这样的:"墙上芦苇,头重脚轻根底浅;山间竹笋,嘴尖皮厚腹中空。"这一联,将今天与会的所有人都奚落了一番。

总而言之,当某些人奚落我们的时候,我们必须用巧妙的方式应对,否则,我们的人际关系将会被我们硬邦邦的言语弄僵。能够在别人奚落自己的时候,始终保持微笑,保持应有的风度,并能在只言片语间化解对方的奚落,让对方知难而退,你绝对是一个有智慧的人,也一定能够赢得他人的尊重。

7. 巧妙应对咄咄逼人的话

当我们与别人进行交谈的时候,对方出于某种目的,可能会在言语上向我们发起挑衅,用咄咄逼人的问题将我们逼至死角。在这种情况下,如果我们还不想与对方闹翻,又想达成自己的目的,就必须巧妙地应对对方在语言上的进攻。

第八章 // 临危不乱，妙语摆脱窘境、远离尴尬

"舌战群儒"恐怕应该算是最经典的应对对方咄咄逼人的范例。诸葛亮气度雍容，神闲气定，一一驳倒东吴众儒生的诘问，这场谈话可谓是酣畅淋漓，诸葛亮运用自己的"三寸不烂之舌"成功摆脱了众儒生的纠缠，劝说孙权"孙刘联盟"。

对方咄咄逼人，我们自然也不能示弱，否则我们就处在下风，但是同时还要注意，当我们反驳对方的时候，切不可因为对方言语中的讥讽而愤怒，否则就会影响我们的思维，也有失风度。咄咄逼人的话往往专门往我们的痛处下手，对方的每一句话几乎都会暗含讥讽，很容易让我们难堪。在这种情况下，我们要进行反击，但是要注意控制其"冲撞效应"的力度，既得理又不失和，有理有节地将对方驳倒，才算是成功地应对了对方的咄咄逼人。

有一家国营工厂竞选厂长，一位年轻的候选人对一位年届五十的对手说："你这一大把年纪了，也该回家享受天伦之乐了，即使你能够竞选得上，当厂长也是力不从心啊。"这是明摆着找碴儿，那名年届五十的候选人也不动怒，微微一笑说："我这把年纪，那是成熟，意味着我经验丰富，而非老态龙钟。至于回家抱孙子，还放不下这份心。不过我也不想嘲笑有些年轻人说话做事太毛糙。"

在应对对方的咄咄逼人的时候，我们不能仅仅处在守御的位置，否则咄咄逼人将会持续下去，永无止歇。只有在防御的同时，给予对方一定的回击之力，才能够让对方的咄咄逼人受挫。这样其气焰才能不再那么嚣张。

一般来说，咄咄逼人的谈话都是有备而来的，他们相信自己能够战胜我们。因此，这样的谈话是非常有针对性的，从一开始的时候，就会直接进攻我们的"要害部位"，令我们在开始的时候就处在被动的位置

上。所以，当对方咄咄逼人的时候，我们一定要保持心神的稳定，切不可因对方咄咄逼人而在气势上输了。那样的话，我们很难对对方做出有效的回击。对付咄咄逼人的谈话，可以利用以下的办法进行应对。

1. 后发制人

后发制人是使自己能站稳脚跟的最有效办法。当对方对我们进行逼问的时候，我们可以先不急于反击，采取守势，站稳脚跟之后，乘机寻找对方的弱点，然后发起致命的一击，让对方咄咄逼人戛然而止。"后发制人，先发者制于人"，先把拳头缩回来，到一定程度，看准了对方的弱点，再猛烈地打过去，打得准、打得狠，胜算才更大。那么在什么时机下反击，才能够实现后发制人呢？

（1）对方无法自圆其说的时候

咄咄逼人者由于准备充分，因而在开始的阶段，往往锋芒毕露，这个时候，我们根本找不到破绽，不适宜反击。等到他的进攻势头变得弱下来的时候，破绽也就会随之出现，一旦他的锋芒收敛，我们就不要给他喘息之机，直接进行反击。

（2）对方黔驴技穷的时候

当对方把他事先准备好的自认为能够打击到我们的语言全部都用完了，已经丧失了进攻能力的时候，彼竭我盈，我们就可以一鼓作气，将其拿下。

2. 针锋相对

针锋相对是诸葛亮"舌战群儒"采用的办法，无论对方出什么样的难题进行刁难，都能见招拆招，一一化解，将对方的言语全部驳倒，直到对方再也没有什么好说的。这是火力对火力的正面交锋，我们必须在具备优秀的语言能力的情况下使用。

3. 布置陷阱

布置陷阱可以说是一种诱敌之计，面对对方的猛烈进攻，我们不需要进行正面的交火，假装节节败退，将对方引入我们设计的语言陷阱之中。到那个时候，我们就可以完全处在进攻的地位上，想不成功都难。

4. 就一点进行反攻

这种方法一般用在实在是无招架之力的时候。当对方的话语尖锐，火药味十足，而我们又没有办法进行反击的时候，我们就必须留神他们话语中的漏洞。只要是抓住一点，我们就可以揪住不放，然后无限放大，使其不能再充分展开其他的问题。

5. 胡搅蛮缠

这种方法近似于耍无赖，但是当对方已经把我们逼入了死角的时候，我们也要不得已而用之，跟对方胡搅蛮缠一番，把没有理的说成有理的；把本来不相干的事物联系在一起，搅乱对方的逼问，然后给自己留下思考对策的时间。

6. 把球踢给对方

把球踢给对方是一个最常用的办法，当对方的逼问难以回答，无论是肯定还是否定的回答都会出错的时候，我们就可以把问题踢还给对方，反将对方一军。比如，有一个国王问阿凡提："人人都说你聪明，不知是真是假？如果你能数清天上有多少颗星，我就认为你聪明。"阿凡提说："如果你能告诉我我骑的毛驴有多少根毛，我就告诉你天上有多少颗星星。"

7. 打擦边球

打擦边球就是给对方一个模棱两可的回答，就好像是在打乒乓球一样，似乎球出台了，又略微擦一点边，叫对方无可奈何，接也不是，不接也不是。这样的回答看起来虽然没有正面回应对方的问题，但是也相关，让对方挑不出毛病。

8. 面对无理取闹，不可针锋相对

一个情绪失控的人，是无法与他正常交流的，哪怕你说得再有道理，他也不会听你的。面对情绪失控的人，不要被撩起情绪，应以冷静、客观的态度响应。要记住，与一个情绪失控的"疯子"争辩，是不会有任何结果的。对方愈是冲动、愤怒，你愈是需要冷静、理智。

挪威著名的音乐家比尔·撒丁，在他还没有成名的时候，来到法国，准备报考著名的巴黎音乐学院。考试的时候，尽管他竭力将自己的水平发挥到最佳状态，但主考官还是没有相中他，他只能失望地离去。身无分文的比尔·撒丁必须为生活想办法，然后争取下次考试，他来到学院外不远处一条繁华的街上，在一棵榕树下拉起了手中的琴。他拉了一曲又一曲，吸引了无数的人驻足聆听，饥饿的比尔最终捧起自己的琴盒，围观的人们纷纷掏钱放入琴盒。

一个无赖鄙夷地将钱扔在比尔的脚下，比尔看了看无赖，最终弯下腰拾起了地上的钱递给了无赖说："先生，您的钱丢在了地上。"无赖接过钱，重新扔在他的脚下，再次傲慢地说："这钱已经是你的了，你必须收下。"比尔再次看了看无赖，真诚地对他说："先生，谢谢您的资助，刚才您掉了钱，我帮您捡了起来，现在我的钱掉到了地上，麻烦您帮我捡起来。"

无赖似乎没有料到他会这么说，最终在路人的眼光下，还是捡起地上的钱放入比尔的琴盒，然后灰溜溜地走了。围观者中有一双眼睛一直默默注视着比尔，就是刚才的那位主考官，比尔的大度吸引了他，他将比尔重新带回学院，破例录取了他。

第八章 // 临危不乱，妙语摆脱窘境、远离尴尬

当对方对你不恭、无理取闹时，你如果和他对着干，正好中了他的圈套，也许他正是想借此激起你的愤怒，让你失去理智，从而做出错误的决定。此时最好的办法就是不和他计较，宽容一点，你收获的将不只是好心情，还会避免陷入更多的麻烦。

有一天，一个年轻人无意中游荡到了大德寺，正遇到一休禅师在讲佛法，听完之后异常懊悔，决心痛改前非，并且对一休禅师说："师父！今后我再也不与别人斤斤计较，打架斗口角了，即使人家把唾沫吐到我脸上，我也会忍耐地拭去，默默地承受！"

"就让唾沫自干吧，别去拂拭！"一休禅师轻声说道。年轻人听完，继续问道："如果拳头打过来，又该怎么办呢？"禅师笑着回答："一样呀！不要太在意！只不过一拳而已。"年轻人觉得这实在无法忍受，便举起拳头朝禅师的头打去，继而问道："现在感觉怎么样呢？"

结果，禅师一点儿也没有生气，反而十分关切地说道："我的头硬如石头，可能你的手倒是打痛了！"年轻人无言以对，似乎对禅师的言行有所领悟。从那以后，年轻人再也不和别人斤斤计较，总是竭力避免矛盾。

如果你和一个无理取闹的疯子对着吼叫，那你也变成疯子了，一个睿智的人从来都不会在乎愚蠢之人发起的挑战。

当然，多数时候，面对别人的无理取闹，我们都很难平静下来。那么，怎么做，才能保持理智呢？

首先，是躲避。本着惹不起躲得起的原则，躲得越远越好。

其次，是转移。当你和别人发生冲突，火气上涌的时候，有意识地转移目前的话题或做点别的事情来分散注意力，便可使情绪得到缓解。在负面情绪没有消除时，可以用看电影、听音乐、下棋、散步等有意义

的轻松活动，使紧张情绪放松下来。

　　再次，是释放。释放不是让你去和对方对着骂，而是找身边的朋友聊一聊，将心中的郁闷吐出来，不要憋在心里。这种发泄可以释放积于内心的郁积，对于人的身心发展是有利的。

　　最后，控制忍耐，这是最主要的一个方法，就是你怎么骂我都不急。古人说："忍一时风平浪静，退一步海阔天空。"小不忍则乱大谋，忍耐不是目的，是策略。三国演义里诸葛亮三气周瑜，如果周瑜的气量大些，何至于发出"既生瑜何生亮"的感慨？何至于被活活气死？

　　莎士比亚说："自我控制是人类与纯粹动物的根本区别，不能进行自我控制，就不是真正的人。"我们要保持理智，不去和无理取闹的人针锋相对。那只会损坏自己的形象，影响自己的心情，没有一点益处。

第九章

有话不一定直说，口下留情、脚下有路

我们常说"良药苦口利于病，忠言逆耳利于行"，然而逆耳忠言未必能够发挥作用，反而会给自己招来祸患，最终也无法实现自己的初衷。所以，很多时候，忠言也未必一定要逆耳，同样的话换一种婉转的方式来说，或许能够更好地达到自己的目的。有话不直说，口下留情不仅能够更好地达成目的，还能够给自己留一条退路。

1. 直言是刀，伤人还伤己

直言直语是人性中一种美好的特质，值得大家拥有，因为唯有直言直语的人，才能够阐明是非善恶，让正义得以伸张，让错误得以暴露，我们也常常会对那些直言不讳的人加以赞誉，也希望自己身边能够有直言直语的朋友。但是当我们真正碰到直言直语的人，尤其是那些经常指正我们的错误的人的时候，心里往往会非常不舒坦。即使不会因此与对方翻脸，也难以消除对方的言语对自己的伤害。所以说，理论上讲直言直语虽然是一种美好的特质，但是实际上直言直语在现实生活中是行不通的，即使你的直言直语的出发点是好的，你犀利的言语也会给别人造成伤害。

李坤是一家公司的中层领导，也是公司的"大好人"，但是人缘一直不佳，主要的原因就是其爽直的性格，无论遇到什么事情，他都是直言不讳，结果造成人人都疏远他。

比如说，他的下属有人在工作中出现了失误，他就当着众人的面指责对方，这做得不对，那做得不好。当然，他这么说并不是为了彰显自己多么厉害，而是希望自己的下属能够知错能改，不再犯类似的错误。可是，这样的指责经常让下属在众人面前下不了台，丢尽颜面，因此，人人都对他不满。

面对上司的时候，他也是如此。比如，有一次公司召开中层以上领导会议。在会议上，领导说错了一个数据，细心的李坤立刻站起来纠正，弄得领导脸红脖子粗。结果，领导也不喜欢他。

直言直语往往容易伤到他人，因为你的直言直语往往都是针对对方的错误，而这些都是他们避讳的东西。你不顾及他们的感受而当面指出他们的错误，自然会让他们感到难堪。长此以往，无论你是否出于好心，一样不会受到他们的欢迎。

语言是一把利刃，用不好就会伤到他人，而直言直语最容易犯下这样的错误。直言直语的人往往总是凭借自己的主观判断来评价他人，在没有弄清事实的情况下，一吐为快，结果无形中伤到了他人。

即使是朋友之间，因言语不合造成双方老死不相往来的状况也是常见的，所以不要主观地认为只要你不存坏心，别人就不会对自己心存怨恨，毕竟你所说的每一句话都是给别人听的，当你的言语伤害到了别人的时候，别人自然会对你心生怨恨。当这种怨恨累积到一定程度的时候，要么会疏远你，要么就会直接对你进行报复。

其实直言直语的人并不是故意要奚落对方，而是真心地想要帮助对方，但是如果你不注意自己的表达方式，则不仅不能帮到对方，反而会让对方对你心存怨恨，这又何苦呢？每个人都是要面子的，当你直言不讳地指责对方的时候，就等于是在削对方的面子，面子都没有了，对方自然不乐意了。

同样的一句话换一种表达方式说出来会有更好的效果，当你的直言直语碰触了他人的禁区，伤害了他人的自尊时，你就会受到激烈的回击。所以，话在出口之前，一定要多想几遍，不要在不当的场合和时间说不当的话。

2. 婉言暗示胜过直截了当

在与人相处的过程中，一定要学会装饰自己的语言。那么，如何才能更好地装饰自己的语言呢？很多时候我们往往急于表达自己的观点而口不择言，结果深深地刺痛了对方。所以，在这种时候，我们一定要学会用委婉的语言来阐明自己的观点，既不伤害对方，又能让对方从字里行间中听出我们所要表达的意思。这就是说话的最高境界。

历史上的能言善谏者几乎无一例外地都是通过委婉的方式来向君王阐述自己的观点。比如，邹忌以自身的实际经历来暗示齐王要广开言路，以免闭塞视听；触龙也是用自己做比喻来向赵太后说明，让自己的孩子为国家建功立业，才是对孩子的爱护。因此劝得赵太后同意长安君到齐国为人质。

委婉的暗示是最好的表达自己观点的方式，一方面，每个人都有自己的固有观点，如果你直接反驳对方的观点，不但难以让对方信服，反而会引起无谓的争辩。另一方面，每个人所能承受的话语程度是不一样的，如果你要表达的观点正好超出了对方所能接受的程度，那么必然会引起对方的不快，即使你说得很对，对方也不会接受。用委婉的方式表达出来，既能够保住对方的颜面，又能够让对方欣然接受。

曹操的三儿子曹植才思敏捷，聪明能干，很得曹操的宠爱，他决心废掉太子曹丕，而立曹植。废长立幼在封建社会被认为是政治生活不正常的事情，往往会引发动乱不安，所以大臣们总要据理力争，往往不惜献出生命。但做皇帝的人不愿意听从臣子的意见，双方会闹得很僵。曹操也是这样，自己下了废长立幼的决心，便不再愿意听臣子讨论这件事。

有一次，曹操屏退左右侍从，引谋士贾诩进入密室，向贾诩问话，贾却沉默不语。曹操再问，贾还是不答。这样一连几次发问后，曹操生气了，责问贾诩："和你讲话却不回答，到底为什么？"贾诩回答："对不起，刚才正好考虑一个问题，所以没有立即回答。"

曹操追问："想到了什么？"贾答："想到了袁本初、刘景升父子。"曹操大笑，决心不再废长立幼。

原来当年袁绍就是因为想要废长立幼，结果导致几个儿子之间互相不服，各自拉帮结派，互相争斗不休，这才给了曹操可乘之机，灭了袁绍。

提意见是我们在与他人的沟通中经常会出现的谈话内容，但是很多时候我们的意见并不能被对方接受，原因就在于我们并不能很好地说服对方。为了能够说服对方，我们往往用一大堆堆砌的词语对对方狂轰滥炸，让对方反感不已，根本就无心思考我们的意见是否正确。比如说，我们在工作中向上司提出意见的时候，经常会按照普遍的逻辑，摆事实、讲道理，可是这些根本就不足以打动上司，因为在他的眼里，他所经历的和知道的要比我们多得多，所以，他自己的观点才是最正确的。结果你在苦劝无效的情况下，往往容易冒出一些"以下犯上"的话，这更加会让上司恼怒，因为你的不尊重已经挑战了他的权威。最终，提意见会不欢而散。

事实上，我们完全可以借助一些事情来暗示对方，将自己的观点隐藏在自己的话语中。暗示性的话语往往不具有攻击性，能够让对方静心地去听、去思考。只要你的话能够让他认为你是有道理的，那么提意见也就成功了。

委婉就意味着没有攻击性，这比之充满攻击性的直截了当要有效得多。在很多时候，对方并非不明白我们要说什么，也并非不能接受，只因为我们所说的话太过直白，结果让对方出于面子的考虑，不得不将我们拒之门外。如果我们能够旁征博引，用一些隐晦的方式将自己所要说的话表达出来，那么对方就比较容易接受。

明太祖朱元璋出身贫寒，给地主放过牛，还当过和尚。他做了皇帝之后，以前的一些穷哥们儿纷纷找到京城，想他会念着以前的交情，怎么着也能捞到一些好处。但是那个时候的朱元璋已经是皇帝了，身份不同，自然想的也就不同了，他不希望别人知道自己的老底，因此，把大多数人都拒之门外。

有一个和朱元璋一起长大的朋友从凤阳老家赶到京城来找他，花了很大的工夫才进了皇宫，见到了朱元璋。谁知这位老兄一见朱元璋的面，就当着满朝的文武大臣大声嚷嚷以往的一些糗事："朱重八，你当了皇帝还认识我吗？咱俩可是一起光着屁股长大的，你还记得有一次咱俩一起偷豆子吃，豆子还没煮熟，你就先抢着吃了，结果把煮豆子的罐子都打碎了，豆子撒了一地。你吃得太急，豆子卡在嗓子眼儿还是我帮你弄出来的。你都不记得了吗？"

朱元璋本来还打算好好地赏一下这个好朋友，也让满朝文武大臣看看自己是多么重情义，结果这个不识时务的朋友，净说些他不乐意让别人知道的事情。没等那位老兄说完，朱元璋就下令将这个人杀了。

朱元璋的另外一个朋友也来找朱元璋，他也和前面那位朋友说的是一件事，但是这个人比较聪明，他是这样说的："我主万岁！当年微臣随驾扫荡芦州府，打破罐州城，汤元帅在逃，拿住豆将军，红孩儿当关，多亏菜将军救驾。"朱元璋听得高兴，立刻就给他封了官。

总而言之，在说话的时候，我们一定要学会用委婉的方式来暗示对方，特别是在说一些可能会引起对方不快的话的时候，九曲十八弯地一绕，往往就能够把引起对方不快的部分给消除了，这样你的话语就可以发挥作用，让对方接受你的观点。

3. 正话反说，容易让人接受

有人曾经说："是人才不一定会说话，但是会说话的人必定是人才。"在如今竞争相当激烈的职场中，如果一个人拥有"会说话"的能力，通常能达到事半功倍的效果，获得意想不到的成功。正话反说正是一种高明的说话技巧。

所谓的正话反说就是对某一话题不做直接的回答或阐述，却有意另辟蹊径，从反面来说，使它和正话正说殊途而同归。这样便可以避免正面冲突，含蓄委婉，入情入理，收到一种出奇制胜的劝谕和讽刺效果。

我们知道，说话的过程其实就是一个说服他人的过程。说服他人不是一件简单的事情，因为当一个人决定要做某一件事情的时候，他就已经为做这件事情想好了无数条理由，如果你逐条驳斥对方，那么很难说服对方。在这种情况下，如果我们能从其反面入手，阐述自己的观点，反而更容易劝服对方。

齐景公喜伺老鹰，并以老鹰猎兔为乐。一天，烛邹不慎让一只鹰飞走，景公大怒，下令将烛邹斩首。晏子为了营救烛邹，立即上前拜见景公，说："烛邹有三大罪状，哪能如此轻易杀他呢？请让我条条数说他的罪状再杀他，可以吗？"

齐景公说："可以。"

晏子指着烛邹说:"烛邹!你为大王养鸟,却让鸟逃走,这是第一条罪状;你让大王为了鸟而杀人,这是第二条罪状;把你杀了,天下诸侯都会责怪大王重鸟轻士,这是第三条罪状。"齐景公听完,随即醒悟,赦免了烛邹的死罪。

晏子表面上是在为齐景公泄愤而骂烛邹,实则指出齐景公重鸟轻士的过错。

我们说话的目的是为了说服对方,而不是为了与对方进行争辩,一旦引发争辩,那么说服的目的就一定达不到了。因为,任何一场争辩,几乎都是没有胜败的,"公说公有理,婆说婆有理"。谁都无法说服对方。再者说,一旦与他人在言语上发生正面冲突,就很难再将谈话进行下去。所以,我们可以采用正话反说的方式,先取悦于对方,这样,我们就可以顺利地将自己的观点渗透进去,并最终说服对方。

在说服别人的过程中,正话反说的步骤如下:先在表面上同意对方的观点,这样对方就会放下戒心,肯听我们的话。接下来顺着对方的观点进行逻辑上的推理,引出对对方不利的结论。当然结论虽是不利的,但是我们在言语上还是要认为这是好的,这样起到的讽喻的效果,发人深省。这样一来,我们的观点就可以在一个小幽默中传达给对方。这样的劝服方式就像是在撞球,开始的时候使对方心情愉悦,让对方只能依着球杆的力量前进,却无法倒退。采取的是"迂回"的手法,让对方一步步地陷入你设下的圈套,从而达到劝服的目的。

有一个香烟商人到某地去做生意,到处宣传抽烟的好处。这一天,他在一个大台子上滔滔不绝地大谈抽烟的好处。台下的人都听得津津有味。这个时候,一位老人走上了台,非要讲一讲。商人害怕老人讲出不利于自己生意的话,极力阻止,台下的听众们也都对老人的行为感到不满。但是老人一开口就说:"女士们,先生们,对于抽烟的好处,除了这位先生讲的,还有三大好处哩!我不妨讲给大家听听。"

这一下,不仅台下的听众来了兴趣,连商人都来了兴趣。老人是这样说的:"第一,狗见到抽烟的人就害怕,就逃跑。"台下的人很是莫名其妙,商人则暗暗高兴。"第二,小偷不敢到抽烟人家里去偷东西。第三,抽烟者永远年轻。"

这驴唇不对马嘴的话更是激起了台下人的兴趣,他们要求老人赶紧解释一下。老人清了一下嗓子,接着说道:"第一,在抽烟的人中驼背的多,狗一看到他们以为拾石头打它哩,它能不害怕吗?第二,抽烟的人夜里爱咳嗽,小偷以为他没有睡着,所以不敢去偷东西。第三,抽烟的人很少有长寿的,所以永远年轻。"

老人的话讲完之后,台下一片哗然,紧接着作鸟兽散。商人极力挽留,却没有一个人愿意继续听下去。

当我们想要阐明自己的观点并说服对方的时候,我们首先要引起对方的兴趣,让对方愿意听自己的话,并选择一种别人愿意倾听的说话方式。所以,这个时候,正话反说就显得尤为重要了。正话反说可以先把听者想要听的事情,在他们想要听的时间之内,以恰当的语言说出来,这样对方就会非常感兴趣。而在恰当的时机,话锋一转,将话语引向自己的观点,这样就能够很容易打进对方的心坎。这就是正话反说的妙处。

总而言之,当你想要劝服别人,而别人又不愿意听你的话的时候,你就可以尝试一下用正话反说的方式,让你的言语快速地打动对方,从而一举说服对方。

4. 循循善诱胜于苦苦哀求

当你周围有人走上错误的道路，屡屡犯错的时候，你是否有曾经苦口婆心地劝导对方，而对方却置之不理，结果你气得甚至有种想吐血的感觉。如果有的话，那么你就要改变一下自己的说话方式了。因为，在很多情况下，你的苦口婆心往往没有循循善诱来得有效。苦口婆心到了一定程度的时候，往往有种哀求的感觉，当你用哀求的语气让对方改正错误的时候，对方的不屑更会加重，所以，苦口婆心绝不是好的说服方法。

事实上，对方之所以会如此顽固，是因为他根本没有意识到自己的行为是不对的，因此，劝导的办法也应该从这一点上着手。用一种诱导的方式，让对方意识到自己的错误，他自然会愿意改正自己的错误。你的目的也就达到了。每个人对于他人的劝导都有一种天然的排斥，所以让劝导者很难走进他的内心。在这种情况下，任何苦苦哀求都是没有用的。只有用循循善诱的方式，才能逐渐地让对方接受我们的观点。

孟子是战国时期出色的政治家，在纷乱的战国时期，他游说过很多国君，希望他们能够实施"仁政"。这一次，孟子来到齐国，打算游说齐王。孟子见到齐王后，提到齐王爱音乐的事情，齐王感到很尴尬，因为他认为爱好世俗的音乐显得自己修养不足，他说："我还不能喜欢古典的先王之乐，只是喜欢世俗的音乐罢了。"但是孟子却指出现在的音乐跟先王古乐并无不同，解除了齐王的尴尬心理。

紧接着，孟子以欣赏音乐的感受为切入点，引出"独乐乐，不如众乐乐"的道理，并举出例证。假如百姓听到王奏乐的声音，都感到头疼，皱着眉头议论说：王这样喜欢音乐，为什么我们这么苦？父子不能相见，兄弟妻儿离散？没别的原因，只因不与老百姓一起享受快乐；假如百姓听到王奏乐的声音，都高兴地面带喜色说：我们的大王大概没什么疾病吧？否则怎么有心情奏乐呢？

在此基础上，孟子总结出了这只是仁政实现先后而做出的不同表现罢了。

循循善诱其实就是一种言语上的布局，也就是说我们在劝服对方的时候，要按照一定的逻辑顺序，安排自己的谈话方式和谈话内容，并且让自己的每一句话都充满诱惑力，引导对方按照自己的逻辑思维思考问题，并最终认同我们的观点。事实上，循循善诱之所以比苦苦哀求更有效，是因为循循善诱从一开始就能够打破被说服者对说服者的排斥心理，这样就赢得了情感上的支持。再加上循循善诱本身具有很强的说理性，它能够从道理上出发，让对方恢复理智的思考，最终改变被说服者的固有观点。而苦苦哀求只会增加被说服者的反感态度，进而激怒对方，使得自己的话语完全被排斥在对方的心门之外。

有一个电器销售员去一家农场推销一台孵化器。他来到农场，找到农场主的房屋，然后敲门。门被打开了一条缝隙，电器销售员看到了屋内只有一个农妇在。农妇通过门缝，上下打量了销售员一番，然后迅速将门关上。

电器销售员早就习惯了这种举动，于是他再次上前敲门，门内传来了农妇的喝骂声，她不断地催促销售员赶紧离开。电器销售员稍显尴尬，但是他依然有礼貌地说："太太，我看您是误会了，我来拜访您并不是来销售东西的，我只是想向您买一些鸡蛋。"

农妇听了这话，迅速把门打开，把电器销售员迎了进去，并连声道歉说："真是对不起，我刚才以为你是推销的，因为最近已经来了很多推销员了。"销售员微微一笑说："没关系，太太。我刚刚在鸡舍那里看到您养的鸡真的很漂亮，这些鸡是多明尼克种鸡吗？"农妇诧异地看着小伙子，反问道："你怎么知道这是多明尼克种鸡？"

销售员知道这个话题已经引起了农妇的注意，于是说："我家也养了一些鸡，但是我家的鸡没有您养得这么好。而且我家的鸡只会生白皮蛋。太太，您应该知道，做蛋糕用红皮的鸡蛋比白皮的鸡蛋要好一些。我太太今天要做蛋糕，所以我跑到您这儿来了。"

农妇非常乐意听销售员赞美的语言，她喜滋滋地去屋里拿鸡蛋。这个时候，销售员趁机扫视了一下房间，他发现在墙角的地方堆着一整套的农用设备，他心里有了主意。

等到农妇从屋里出来，他对农妇说："我猜您养鸡赚的钱一定比您丈夫养奶牛赚钱多。"这句话简直让农妇高兴上了天，因为一直以来，她的丈夫都不支持她养鸡，而她自己一直坚持自己养鸡更赚钱。两人一直互不相让，她从来也不帮丈夫做事，所以，那些农具就堆在了房间里。销售员这个外人的话无疑是对农妇最大的认可，怎能不让农妇心花怒放。

谈话到了这个时候，农妇已经非常欢迎销售员的到来了，于是她带着销售员去参观自己的鸡舍。一路上，两人越聊越投机，销售人员乘机点题，最终成功地销售出去一台孵化器，外加一台大冰柜。

循循善诱就是一种高明的谈话方式，这种谈话方式在对方对你抱有天然的排斥心理的时候，作用尤为明显。当对方明显对我们的谈话有敌意的时候，我们就必须想办法先化解对方的敌意，否则，谈话在第一时间就会"无疾而终"。所以，开展这样的谈话，必须用循循善诱的办法,让对方走入自己的布局中,在不自觉中消除敌意,并跟着我们的思路进行思考,这样,对方就会一步步地被我们说服。

总而言之,每个人都有自己的认知和对事物的判断,想要改变别人是非常困难的,如果你主动挑起与对方的争辩,那么往往会无功而返。在这个时候,循循善诱将会起到非常重要的作用,它能够帮助我们将我们的观点逐渐地渗透到对方的思想中并最终战胜其原来的思想。

5. 给带刺的批评裹上"糖衣"

人们都知道"良药苦口利于病,忠言逆耳利于行",但是在现实中,真正能接受逆耳忠言的人并不多,大多数的人宁可听那些甜言蜜语,即使是糖衣炮弹,也甘之如饴。如果我们对于别人的错误进行强硬的指责,那么多半会引起对方的反击,最终无法实现令其改正的目的。而如果我们懂得采用"迂回"战术,用"糖衣"包裹住自己批评的语言,那么对方就能够接受我们的批评,并认识到自己的错误。

著名教育家陶行知先生有一回看到一个学生用泥块砸另一个学生,他上前制止并让这个学生放学后到办公室等他。陶行知回到办公室之后,先拿出了一块糖给那个学生说是奖励他没有迟到。接着陶行知给了他第二块糖奖励他听自己的话。然后陶行知又给了他第三块糖奖励他见义勇为,帮助受欺负的女生。当那个学生认识到错误的时候,陶行知拿出最后一块糖奖励他能正确认识自己的错误。

人人都是爱听好话的,所有的人都希望别人能够表扬自己,而不愿意让别人批评自己,一旦听到批评的言语,逆反心理就会产生作用,即使我们说得很有道理，对方也会无动于衷。

在某些情况下，批评的言语所具备的攻击性能激发别人的斗志，但这是因人而异的，对于大多数人来说，过度的批评只能起到打击信心的作用，"破罐子破摔"就是这样来的。比如说，有些人天生懒惰，于是身边的人纷纷地指责他的懒惰，说他没有出息，那么他就会认为自己将来肯定是没有出息，也就没有改变的必要了。相反，如果周围的人都能够主动去发现他身上的优点，并且称赞他，那么他的自信心将会一点点地累积，并最终形成一种迫切的想要改变的愿望，最终改正其懒惰的缺点。所以说，赞美的语言，在很多时候都是比批评的语言更加有力的，它才能够真正地激发人的斗志。

很多年前，一个十多岁的男孩在那不勒斯的一家工厂里做工，他的梦想是当一名歌星，于是他拜师学艺。但是他的老师告诉他："你不适合唱歌，你根本五音不全，简直就像风在吹百叶窗一样。"小男孩很沮丧。但是他的妈妈——一个穷苦的农妇却不这样认为，她紧紧地搂住自己的孩子并且称赞他，他能唱歌，而且每天都在进步。这个普通的妈妈用自己节省下来的每一分钱来支持自己的孩子学习音乐。

母亲的鼓励改变了孩子的一生，后来他成了那个时代最伟大的歌剧演唱家，他的名字叫恩瑞哥·卡罗素。

批评是一种手段，而不是目的。批评的目的是让被批评者意识到自己的错误，并改正自己的错误，但是在很多时候，批评并不能实现这一目的，反而是赞美能够更好地实现这个目的。那么，我们何不将自己的批评藏在赞美之中呢？让赞美的声音围绕那些应该被批评的人，用赞美的方式实现批评的目的，那岂不是更好。

不要轻易地去批评任何一个人，当你絮絮叨叨地批评一个人的时候，你已经在伤害这个人的自尊。当他的自尊被损害的体无完肤的时候，他要么会进行反击，要么就被打击得一蹶不振，这都不是我们想要的结果。所以，我们要学会在批评的言语外面包裹一层"糖衣"，变"训斥"为"赞美"，让对方在愉悦的心情中认识到并改正自己的错误。

在非洲，有一个巴贝姆巴族。在这个民族中，依然保持着一种特别而又古老的生活仪式。当族里的某个人因为某些原因犯下错误的时候，族长便会让犯了错误的人站在村子的中央，然后整个村落的人都会赶过来，将这个犯错的人团团围住，并用赞美来"教训"这个犯错的人。

这些"教训"的人无论是年长还是年幼都会历数这个犯错的人做过的好事，只要是这个犯错的人做过的，哪怕是极小的好事，也绝不遗漏。这样的"教训"方法让这个族的每一个人都没有"将错误进行到底"。

犯错误的人并不代表十恶不赦，如果我们只是一味地指责对方，那就等于是把对方其他的优点一概抹杀了，这样一来，对方哪里还有改正错误的愿望。相反，如果我们能赞美他的优点，那么就能让那些犯错的人重新获得信心和希望，在我们的赞美声中，对方自然会意识到自己的错误，毕竟每一个人都是明白事理的。这样的一种"批评方式"比之一味地指责要强得多。

良药未必苦口，在不改变药效的情况下，我们完全可以加点糖，让生病的人更愿意喝下去；忠言也未必逆耳，只要我们能够改变一下说话的方式，也一样能够让人听进去。用赞美进行批评，将会让我们收到事半功倍的效果。

6. 巧妙暗示比直接批评更有效

在批评、指责别人错误时，当头一棒往往伤害别人的自尊心，且对方也未必会心甘情愿地接受你的意见。如果我们能够用暗示的办法，让对方意识到自己的错误，那么效果往往比较明显。

很多时候，我们往往会站在自己的立场上去思考问题，因此，在批评他人的时候，我们始终认为自己的出发点是好的，因而在批评的过程中肆无忌惮，经常性地采用一些具有攻击性和侮辱性的词语。这些对于被批评者来说都是不可接受的，在他们看来，你并不是在批评，而是在对他进行人身攻击。因此，他们对于我们的批评往往会不屑一顾，甚至会反唇相讥。相反，如果我们能够采用巧妙的暗示，让对方意识到他的错误，那么他们不仅会改正错误，还会对我们心存感激，因为我们保全了他的颜面。

一位百货公司的总经理为了检查员工的工作，经常会去卖场视察。这一天，他又来到了卖场巡视。突然，他发现有一名顾客在柜台前等待，却没有一名售货员过去服务。那些售货员都在离柜台很远的地方，三个一堆，五个一群，彼此又说又笑。

这个经理本想训斥一下这些工作时间不认真的员工，但是转念一想，在大卖场里训斥员工影响不好。于是他走到柜台前，亲自为那名顾客服务，等到那些售货员看到经理的时候，一个个不知所措。服务完之后，经理并没有说什么，而是意味深长地看了那些销售员一眼，就离开了。

其实，在卖场里出现这样的情况已经不是一次两次了，这名经理也多次为这样的事情大动肝火，但是收效甚微，那些售货员对经理的训斥根本就不以为然，更不以为意。但是，这一次，经理的这一举动明显比以前的训话要有效得多，在接下来的很长时间里，经理再去卖场巡视的时候，都没有发现这样的问题了。

批评对于任何人来说都是一件难以接受的事情，因为直接的批评往往意味着对自己尊严的直接践踏，而尊严几乎是每个人最重视的东西。所以，当我们发现别人的错误，千万不要为了一时的意气，而口不择言，毕竟我们的批评是为了能够让对方改正错误，而不是发泄自己心中的怒气。

其实，但凡是一个追求上进的人，都是愿意接受别人的批评的，因为批评可以帮助自己减少错误，但是每个人所能接受批评的方式是不一样的，大多数的人对于直截了当的批评往往都不能接受。因此，我们必须学会用巧妙的暗示对他人进行批评。

有些人可能不明白，错误就是错误，又怎么能暗示呢？如果自己不明说，对方岂会明白。事实上，之所以说暗示能够让对方意识到错误，是因为几乎每一个人都有判断是非对错的能力，即使你不说，他也大概知道自己是不对的。所以，只要我们稍加指点，对方就可以清晰地明白自己的过错。

魏征向来以直言敢谏闻名于世，但是他并不是一个莽撞之徒，在很多时候，他也是非常讲究进谏的方法的。有一次，有人送给唐太宗一只小鸟，唐太宗非常喜欢，就托在手臂上逗着玩。正好这个时候魏征进来，唐太宗可不愿意让这个"多事"的人看到，免得他喋喋不休。于是就把小鸟藏在了怀里。

其实魏征早就看到了，只不过他见唐太宗藏起来了，自己也就不好有意拆穿了。于是他就有一搭、没一搭地故意跟唐太宗闲聊，就这样，耽搁了很长时间。魏征一离开，唐太宗就把小鸟拿了出来，谁知道由于说话的时间太长，小鸟早就闷死了。魏征就是用这样的办法批评了唐太宗"玩物丧志"的行为。

从某种意义上来说，暗示是人际影响的一种特殊方式，指的是暗示者出于一定的目的，采用含蓄、巧妙的语言向对方发出某种信息，以此来影响对方的心理，使其不自觉地接受一定的意见、信念，或改变其行动。错误本就是一个人的痛处，如果不管三七二十一，就直接地揭露出来，那么必然会让对方非常恼怒，所以，我们必须用暗示的办法进行批评。

7. 难以启齿的逐客令要讲得不动声色

在我们生活的周围总是存在着一些"好聊"分子，他们总是把与人聊天当成人生第一大快事，只要是抓住机会，就喋喋不休，一遍又一遍地重复着那些毫无意义的话题。面对这样的人多多少少让人有些无奈。如果是在空闲的时候，随口敷衍两句，倒也没什么，但是如果自己有事，而对方又不懂得看眼色行事，那么不少人恐怕就只能干着急了，因为碍于朋友情面，怎么着也不能下逐客令。

李华是一个好静的人，他有一个朋友却是一个天生喜欢聊天的人。两个人的家离得又非常近，因此，那个朋友经常会在没事的时候找李华聊天。这一天，李华非常累，下班之后就想赶紧歇歇，可是不幸的是，那个朋友又"如约而至"。

没有办法，李华只能强打精神应付他。谁知，那个朋友好像有说不完的话，天南地北的海侃，先说自己一天的事情，然后扯到国家大事，总而言之，就没有他说不到的话题。李华实在是困得不行了，上下眼皮直打架，可是对方还是没有停下来的迹象。结果，李华在迷迷糊糊中就睡了过去，那朋友这才注意到，于是就告辞离开。

第二天，李华上班的时候，还是一点精神都没有，一天都是迷迷糊糊，工作的时候一不小心就出错，被上司批评了好几回。李华心里委屈，可也不知道该怎么办。

"有朋自远方来，不亦乐乎。"是圣人孔子提出的待客之道。不错，有个朋友能够和自己促膝长谈，交流思想，的确是人生一件快事，尤其是在闲得无聊的时候。但是我们并非每时每刻都有时间和朋友聊天，特别是当你想要静下心来做一些事情的时候，有些"好聊"分子却总是会在这个时候来扰人清静。如果我们总是委屈自己"舍命陪君子"，那也不是长久之计，总不能把自己的时间都浪费在这些无聊的事情上。

鲁迅先生说："无端地空耗别人的时间，无异于谋财害命。"你愿意吗？所以，最好的办法就是下逐客令。但是这逐客令必须要下得不动声色，既能让对方知趣而退，又能不伤感情。

其实，既然是朋友，对方也不愿意浪费你的时间，只不过他们并没有意识到自己的行为已经是在耽误你的时间，他们还以为你非常乐意倾听，因为你的表现已经说明了一切。所以，只要我们能够让朋友意识到自己确实不愿意听，那么对方自然会离开。所以，下逐客令并不那么困难，只要我们不直截了当地让对方"滚蛋"，说对方打扰了我们，对方就一定能够理解。那么，如何才能把逐客令下得不动声色呢？

1. 以婉代直

用委婉的语气来提醒正在滔滔不绝的客人，自己没有太多的时间跟他闲扯，比之直截了当地逐客要容易接受得多。比如，你可以这样说：

"周六的晚上我有空,咱们好好地聊聊。今天我要赶着写一个报告,要不今年升职就无望了。"这还算是比较直接的一种,只是从语气上委婉。或者我们还可以这样说:"我妈这两天身体不好,已经睡下了,咱们说话小声一点。"只要对方是个明白人,听了这话,肯定会告辞离开。

2. 以热代冷

这似乎让一些人摸不着头脑,自己越热情,对方不是来得更勤快了吗?其实,热情都是有一个限度的,当你热情过度的时候,对方肯定会吓得不敢再来,或者是不好意思再来。比如说,只要对方一来,你赶紧地笑脸相迎,然后沏上一壶上好的茶,捧出瓜子、糖果、水果,这一定会让对方有些不自在。时间久了,他就会慢慢地减少上门的次数。

实际上,过度的热情和冷若冰霜是一样的,只不过冷若冰霜让人感觉很不舒服,伤害彼此的感情,热情过度却可以避免这些弊病,同样可以起到逐客的效果。

3. 以攻代守

用主动出击的姿态堵住好闲聊者登门来访之路。先了解对方一般每天几点到你家,然后你不妨在他来访前的一刻钟先"杀"上他家门去。于是,你由主人变成了客人,他则由客人变成了主人。你从而掌握交谈时间的主动权,想何时回家,都由你自己安排了。你杀上门去的次数一多,他就会让你给黏在自己家里,原先每晚必上你家的习惯很快会改变。一段时间后,他很可能不再"重蹈旧辙"。以攻代守,先发制人,是一种特殊形式的逐客令。

4. 以写代说

影片《陈毅市长》里有一位著名的科学家,在自家客厅里的墙上贴上了"闲谈不得超过三分钟"的告示,来提醒来访的客人,不要闲聊天。这种办法收效神速,谁也不会在别人明确拒绝闲谈的情况下还喋喋不休。

所以，我们可以根据实际情况，贴上不同的纸条。比如"我家孩子即将参加高考，请勿大声喧哗""主人正在自学英语，请客人多加关照"等字样。

5. 以疏代堵

有些人之所以那么喜欢闲聊，是因为他本身并没有什么事情可做，也没有什么特别的兴趣爱好。所以，我们可以从这方面想办法，从源头上解决问题。这需要我们在与他聊天的时候，主动激发他某一方面的兴趣，只要是他有了自己喜欢的事情，就不会每天都闲聊了。

总而言之，逐客令在必要的时候是要下的，只要我们用心，一定可以想到一些好的办法，让那些"好聊"分子不再对自己进行"骚扰"。

8. 让对方不失体面地收回"爱"

每个人都有爱与被爱的权利，同样也有拒绝的权利。当别人当面向你表示爱意，或者是请他人代为转告，而你对那个人并没有任何感觉的时候，你应该怎样拒绝呢？这恐怕是困扰很多人的一个问题。因为，每一个人都知道，自己可以不喜欢对方，却不可以因此而肆无忌惮地伤害对方。所以，在拒绝他人的时候，就要非常注意自己的措辞。可是在很多时候，真的不知道用什么样的言语才能够完全拒绝对方。如果语言太过轻描淡写，则会给对方留下幻想，如果太过直白，又担心会伤到对方的自尊。

辞爱的语言是很难把握的，既要把自己的意思表达清楚，让对方没有心存幻想的余地，又不能不近人情，用刀子一样的言语伤害对方，让原本的关系因一次示爱而不复存在。尤其是对身边的人，如果你真的伤害了对方，使他和你成为陌路人，那么若干年后，也许你会后悔。

刘静是一个漂亮的女孩，她一向心高气傲。这一天她在自己的信箱中看到了一封情书，打开一看，最后的署名居然是自己的一个同事。那个同事很不出色，跟刘静选择对象的标准差得太远。因而刘静对此嗤之以鼻，心想"真是癞蛤蟆想吃天鹅肉"，并且一怒之下将这封情书贴到了公司的饭堂，这直接导致了同事无奈地离职。

说也奇怪，自从那件事情之后，刘静身边就没有了追求者，不仅没有刘静想象的那种优秀的男人，连普通的也没有。刘静自己也不知道是怎么回事。其实原因很简单，就因为上次的事情闹得沸沸扬扬，所有的人都对她敬而远之，原本对她有好感的人，也都怕重蹈覆辙。这件事情被长久地传下去，几乎每一个接近刘静的人在知道了这件事情之后，都选择了逃避。

接受或者不接受，这是你的权利，谁也不能干涉，但是别人的尊严不容你的践踏，即使是对方主动追求你，即使对方并不十分理想。每一个人都是有尊严的，无论在任何人的面前，尊严都是不容践踏的，如果你认为别人主动追求你，在你的面前就低了三分，你就可以肆意损伤别人的尊严，那你就大错特错了。那样不仅损伤别人的尊严，而且体现出你自己教养的缺失。这样一来，你不仅会失去朋友，还会失去身边所有人的支持。

语言是一把锋利的刀子，如果使用不恰当，就会对别人造成伤害，尤其是在男女关系上，更是如此。主动追求别人的人总是忐忑不安的，对于被追求者的反应也是极度敏感的。如果你稍不留神，就会伤害到对方。所以，拒绝示爱，最好是用暗示的方法，让对方不失体面地收回"爱"。

小刘是某医院的护士，可爱的她总是让很多同事都喜欢。

这天下班，同科室刚从医学院分配来的小郑对她说："小刘，一同去吃饭好吗？我想跟你说一件很重要的事。"

这样的事情谁都明白，小刘自然也知道"重要的事情"的含义，但是她对小郑并没有好感。于是她笑着说："好哇！我正好想找你帮个忙。"小郑一听很高兴，拍着胸脯保证："行，只要是你的忙，我一定两肋插刀。"

小刘笑着说："不用说得那么严重，其实也没有什么大不了的事情，我男朋友脸上长了几个痘痘，我想问你一下，用什么药能很快治好？"

这样的方法通常是有效的，当对方还没有将"爱"说出口的时候，就用一种暗示的语言委婉地拒绝。这样，彼此心照不宣，谁也不会因此而产生隔阂，彼此的关系还能够继续下去。对于大多数人来说，暗示都是有效的，因为所有的人都知道"强扭的瓜不甜"。所以，只要你能够用恰当的语言和方式暗示对方，那么对方必然会知难而退。

你有不接受对方的权利，却没有伤害别人的权利，即使对方喜欢你，在人格上你们依然是平等的。如果你不想因为这样的事情而让周围的人都对你敬而远之，如果你还愿意与他维持良好的朋友关系，那么你就用暗示的办法委婉地拒绝他吧，让他在不失体面的情况下，将爱收回，在不捅破窗户纸的情况下，使你们的关系再次回归到正常状态。

9. 绕个圈子，学会艺术地说"不"

在现实生活中，人们互相帮助是很正常的事情，但是有些时候，别人的请托已经超出了你的能力范围，在这种情况下，如果你勉强答应对方的请托，那么很有可能会出力不讨好。

凡事要量力而行，能够帮助别人的时候，自然是义不容辞。但是如果事情已经超出了自己的能力范围，最好不要因为其他的原因而勉强答应对方，该拒绝的时候要坚决拒绝。但是拒绝的话总是不容易出口的，上级的要求，避无可避；朋友的请托，碍于情面。如果拒绝的话说不好，肯定会影响到自己的人际关系。所以，在拒绝别人的请托时，一定要避免生硬的拒绝，绕个圈子艺术地将"不"说出口，既不会让对方感到不舒服，又不让自己为难，这才是最高明的拒绝方法。

上级的要求一般是避无可避的，如果你能够完成上级的要求，那么他必然会"龙颜大悦"，你的前途也是一片光明；但是如果你不能完成他的要求，那么你的前途就岌岌可危了。但是在很多时候，上级的要求未必合情合理，有的时候是绝对超出自己的能力范围的。在这种时候，必然是要拒绝的。那么该怎样艺术地拒绝上级的不合理要求呢？

刘娜的总经理是个等级观念森严的强硬派，经常会对员工提出一些不合理的要求，不允许员工说不。

不久，公司接了一本画报，全体开会讨论如何刺激发行量。老总对刘娜说："周六周日组织你们策划部的人上街卖画报，另外动员员工家属购买，打六折。"刘娜心想，我们就算天天摆地摊卖画报也扩大不了发行量。但她还是忍住了。

周六日过后，老总来问刘娜卖了多少本画报。刘娜拿出一份详尽的街头售刊的计划书，上面罗列了需准备的事项，如横幅、宣传单、同一着装等，下面还有一个经费预支表。刘娜说要做就要做好，因此周六周日加班赶制了这份计划书。如果通过，就按计划进行。老总拿走了计划书，再没说摆地摊卖画报的事。

面对上司的不合理要求，刘娜并没有直接拒绝，而是采取了委婉的态度，不仅维护了上司的面子，也维护了自己的职业前程。

拒绝上级的时候，最重要的就是不要让他感觉到难堪，即使人人都知道他的要求并不合理，你也必须给他找一个最合理的台阶。除了上面所讲的办法，还有很多巧妙的办法可以使用。比如，可以佯装尽力，利用群体掩护，等等。这些方法都是很有效的，关键是要分清具体的境况，有选择性地使用。

除了应对上级的要求，在日常的生活中，我们还会遇到来自朋友、同事，乃至陌生人的请求，对于这些人的请求，我们同样不能粗暴地拒绝，也应该用巧妙的方式进行婉言拒绝。应对这些人的请求，要做到艺术地拒绝，可以采用以下的办法。

1. 保持态度上的热情

即使是面对陌生人的请求，我们也应该保持热情，只要你能够在态度上表示出诚恳，即使你最后以各种各样的理由拒绝了对方的请求，对方也不会认为你是故意不予理会的。这样的拒绝是有礼貌的。

2. 让对方知道不是他一人被拒

如果请求者认为你只是针对他一个人拒绝，那么多半会不高兴，所以，在拒绝对方的请求的时候，我们可以告诉对方，并不是自己不愿意帮忙，而是有硬性的要求，被拒绝者已经很多，自己实在是无能为力。

3. 拒绝之前要表明你对他的同情

你要让对方知道，拒绝他的请求，绝非是因为自己不愿意帮忙，而是实在没有办法。所以，在拒绝的时候，我们一定要对请求者表明自己的同情。这样，多半不会引起对方的厌恶。

4. 遇到难缠的人物，让其知难而退

有些人不甘心被拒绝而总是纠缠不休，这个时候，我们就必须表示出自己的冷漠。当然，这可能会给对方很大的打击，但这也是没有办法中的办法。只要你让他断了所有的希望，他多半就不会再来。这种方法虽然有些"毒"，但是也比语言上的攻击要好得多。

总而言之，拒绝的办法有很多种，而且大多数都比直接拒绝更加可取。因此，当我们无法完成别人的请托的时候，不妨借鉴一下上面的方法。

第十章

聊天有禁忌，不要哪壶不开提哪壶

聊天是交流感情的一种重要方式，聊得好，能够把陌生人变成朋友；聊不好，则会把朋友变成陌生人。因此，聊天也不能随性所至，想到什么就说什么，如果一不小心戳到了对方的痛处，必然会伤害彼此之间的感情。所以，聊天也不是百无禁忌，该规避的话题一定要规避，切忌哪壶不开提哪壶。

1. 打人不打脸，骂人不揭短

每个人都有各自不同的成长经历，都有自己的弱点和缺陷，也许是生理上的，也许是隐藏在内心深处不堪回首的经历，这些都是我们不愿触及的"疮疤"，是我们在社交场合极力隐藏和回避的问题。被击中痛处，对任何人来说，都不是一件愉快的事。尤其是他人身上的缺陷，千万不能用侮辱性的言语加以攻击。无论是什么人，只要你触及了这块伤疤，他都会采取一定的方式进行反击。他们都想获得一种心理上的平衡。

我们常说"瘸子面前不说短、胖子面前不提肥、'东施'面前不言丑"，对让人失意之事应尽量地避而不谈。避讳不仅是处理人际关系的技巧问题，更是对待朋友的态度问题。尊重他人就是尊重自己。为自己留口德，就是避免了"祸从口出"。

苏凡长得高大英俊，在大学校园内有"恋爱专家"的雅号。如今他是一家外资公司的高级职员，英俊的长相和丰厚的薪水使他在众多的爱慕者中选上了貌若天仙的王丹丹。

一次，苏凡带着女友王丹丹去参加自己的大学同学聚会。大家自然谈起了大学校园罗曼蒂克的爱情故事，其中苏凡自然成了焦点人物。

苏凡的一位女同学嘴巴很快，她眉飞色舞地讲述苏凡如何引得众多女生趋之若鹜，又如何在花前月下与女生卿卿我我。"你小子那些伎俩，我都知道。你骗的那些小女生到处乱窜啊。其实，你什么人，我能不知道？简直就是个花花公子。"

王丹丹开始还觉得新奇，但听到这句话后，越听越不是味，终于拂袖而去。苏凡只好撇下朋友去追王丹丹。

人们对于自己的忌讳，通常极为敏感。由于心理作怪，往往把别人的无意当成有意，把无关的事主动与自己相联系。有时，你随口谈一点什么事，也很可能被视为对他的挖苦和讽刺，正所谓"说者无意，听者有心"。因此，我们不仅应避免谈论别人的忌讳之点，也应注意不要提及与其忌讳之点相关联的事物，以免造成对方的误会，使他的自尊心受到无谓的伤害。

美国前总统富兰克林年轻时很骄傲，言行举止，咄咄逼人，不可一世，后来有一位朋友将他叫到面前，用很温和的语言说："你从不肯尊重他人，事事自以为是，别人受了几次难堪后，谁还愿听你矜持夸耀的言论。你的朋友将一个个远离你。你再也不能从别人那里获得学识与经验，而你现在所知道的事情，老实说，还是太有限了。"

富兰克林听了这番话后，很受震动，决心痛改前非。从那以后，他处处注意，言语行为谦恭和婉，慎防损害别人的尊严和面子，不久，他便从一个被人敌视，无人愿意与之交往的人，变为极受人们欢迎的成功人物。

中国有"逆鳞"一说。逆鳞就是龙喉下一尺的地方，传说中的龙身上只有这一处的鳞是倒长的，无论是谁触摸到这一部位，都会被激怒的龙杀掉。人也是如此，无论一个人的出身、地位、权势、风度多么傲人，也都有别人不能言及、不能冒犯的角落，这个角落就是人的"逆鳞"。

孟子说："恭者不悔人，俭者不夺人。"荀子说："与人善言，暖于布帛；伤人以言，深于矛戟。"的确，大凡具有一定修养、品德高尚的人是从不揭人之短的。

每个人都有很强的自尊心,所以在公众场合或人际交往中一定要做到"打人不打脸,骂人不揭短",做到了这一点,你就会赢得更多人的青睐。

2. 在失意的人面前,慎谈你的得意

每个人都希望自己在获得成功的时候与他人分享成功的喜悦,也许这其中含有炫耀得意的成分,但是这是每一个人都喜欢做的事情。与他人分享成功无可厚非,甚至还会给他人带来喜悦,但是有一点你要记住,不管你有多成功,在谈论的时候都要看清对象,千万不要在失意的人面前谈论你的成功,这无异于在别人的伤口上撒盐。

有一天,袁有才约了几个朋友到自己家里聚会,主要的目的是想借着热闹的气氛,让目前正处于心情低落状态的唐兴和放松一点。

唐兴和不久前因经营不力,没办法只得宣布破产,妻子也因为和他感情不和,想和他闹离婚。他现在是内忧外患,不堪重负了。其他的人都知道唐兴和目前的状况,因此大家都避免去触及与此有关的事。可是,其中一位酒一下肚,就口不择言了,又加上做生意刚赚了一大笔,忍不住就开始大谈他的捞钱经历和消费功夫,说到兴处,还手舞足蹈,得意之情,溢于言表,这让在场的人都感觉不舒服。而正处于失意中的唐兴和更是面色难看,低头不语,一会儿去洗脸,一会儿去上厕所。最后实在听不下去了,就找了个借口提前离开了。他对送他出门的袁有才生气地说:"他再会赚钱也不必

在我面前炫耀，这不是成心气我吗?!"

"木秀于林，风必摧之；堆出于岸，流必湍之；行高于人，众必非之。"一个人不管多么优秀，都必须要学会审时度势，不能清高自傲，一意孤行。一个人在失意的时候要学会敬人，在得意的时候就更需要敬人。在失意者面前，千万不要炫耀自己的得意。因为任何一个失意的人都不愿听到这样的消息。一个聪明的人会将自己的得意放在心里，而不是放在嘴上，更不会把它当作炫耀的资本。只有虚怀若谷地与他人相处，才能在社会上占有一席之地。

在毕业一个月后，陈景林的班主任为他们班组织了一次聚会，意在了解同学们的工作情况。酒过三巡，大家就聊开了。有的同学在一些国有企业找到了稳定的工作；有的在一些小公司做职员；也有整整奔波了一个月都没找到工作的同学。

陈景林喝下一杯酒就拉着旁边的小林谈起了自己找工作的经历："小林，你知道吗，我三天时间就在外企找到了一份工作，待遇很好啊。当时我去面试的时候就把面试官整蒙了，他们出的一些问题都太简单了。挣钱不就那么回事嘛！小林啊，明天周末，你陪我去买衣服吧，顺便送你一套，你看你这衣服都皱成这样了……"

当时小林脸色就很难看，借口不舒服先行离开了。小林走后，陈景林还不明白是怎么回事，大家才告诉他，原来小林家里条件本就不太好，加上还没找到合适的工作，心里本来就不舒服，听了陈景林的炫耀，不难受才怪呢。

人在得意之时难免有张扬的欲望。但是谈论你的得意时，要注意场合和对象，你可以对你的家人谈，让他们以你为荣，也可以在演说的公开场合说，对你的员工谈，享受他们投给你的钦羡目光；但就是不能对失意的人谈，因为失意的人最脆弱，也最敏感。你的谈论在他听来都充满了讽刺与嘲讽的味道,让失意的人感受到你"瞧不起"他。当然有些人不在乎,你说你的,他听他的,但这么豪放的人不太多。因此,你所谈论的得意,对大部分失意的人是一种伤害,这种滋味也只有尝过的人才知道。

弘一大师李叔同写过一副对子:对失意人,莫谈得意事。处得意日,莫忘失意时。

3. 玩笑开过火容易伤害别人感情

好友、熟人之间适当开个玩笑,既能增进感情,又能调剂生活,但一定要把握尺度。在我们身边的朋友,常常因为熟悉,而大开玩笑,用此方式来调节气氛,加深彼此之间的友谊。其实,既为朋友就应该是最了解对方的为人,什么玩笑可以开,什么玩笑不可以开,应该心中有个数,不应该因为经常在一起的缘故而忘了应有的分寸。

有的时候,玩笑可以缓和一些聚会场合的尴尬气氛,是人与人之间感情的调味剂,来得及时又效果突出。可有的时候,玩笑话也会在不适当的地点,对着不适合的对象,造成有意或无意的伤害。事情过后,辗转方知,竟是"玩笑开过了火",使对方伤心欲绝,叫人心寒,使局面变得让双方都很难堪。

有一天,几个同事在办公室聊天,玲玲提起她昨天配了一副眼镜,于是拿出来让大家看看她戴眼镜好看不好看。大家不愿扫她的兴都说很不错。这时,同事蒋操因此事想起一个笑话,便立刻说出来:

"有一个四眼女生走进皮鞋店,试穿了好几双鞋子都不合适。于是,鞋店老板蹲下来替她量脚的尺寸,谁知不小心碰掉了这位四眼女生的近视眼镜。低头找眼镜的时候，四眼女生看到店老板光秃的头，误以为是她自己的膝盖露出来了，连忙用裙子将它盖住。'浑蛋！'店老板叫道，'保险丝又断了！'"

接着是一片哄笑声，谁知事后竟从未见到玲玲戴过眼镜，而且碰到蒋操后再也不和他打招呼了。说者无心，听者有意，其中的原因不说自明。

作为生活中的调味剂，开玩笑是人与人交流中不可缺少的一个环节，无处不在。会开玩笑的人，往往都是值得信赖和受欢迎的人。在茶余饭后，几个人凑在一块儿，闲话家常，互相开个玩笑，让大家乐乐，可以使人感到亲切自然，营造一个轻松和谐的氛围。尤其是在一些令人尴尬的场合，恰当的玩笑可以起到调节气氛的作用，有助于缩短彼此的心理距离。

但是什么事都有个度，饭不能乱吃，话不能胡说，玩笑自然也不能开过头。玩笑开得适当，可以增添兴致，一旦过火就难免会引发冲突，如果不能拿捏好尺度，即使是玩笑，也还是不要说出口的好。

4. 不拿别人生理缺陷开玩笑

烦闷的生活需要幽默，适时的玩笑也能营造良好的氛围，让人的心情舒朗。在人际交往中，开个得体的玩笑，可以松弛神经，活跃气氛，营造出一个适于交际的轻松愉快的氛围，因而诙谐的人常能受到人们的欢迎与喜爱。但是，开玩笑要掌握好分寸，不管是多么亲密的人，都不要拿对方的生理缺陷开玩笑。

秦思思生性活泼，说话没有顾忌，结果养成了喜欢揭别人短处的毛病。秦思思和刘晓娜在同一家公司上班，两人经常在一起，所以导致刘晓娜经常成为秦思思的打击对象。

因为刘晓娜受母亲的遗传很小就开始掉头发，尽管到处求医，花了不少钱，可现在头发还是脱落得差不多了，稀疏的头发下能明显地看到一片片头皮。为此，她不得不买假发戴上，而从此她的痛苦也开始了。秦思思常开刘晓娜的玩笑，说她戴了一顶"皇冠"，还建议她去给假发染发，甚至要给她梳辫子，等等。

刘晓娜一直很反感，但由于是同事，她也不好发作翻脸。有时笑笑，有时说对方两句，大多数情况下只好忍着，但心里异常痛苦。有一次，单位搞聚会，秦思思提出要看看她的"真面目"，她拒绝后，秦思思竟拉住她强行解开了她的假发，她当场就跟秦思思吵了起来。从此，两人便彻底断绝来往了。

拿别人的生理缺陷开玩笑是把自己的快乐建立在别人的痛苦之上，这样的做法是人际关系的致命伤。也许聊天中你开玩笑的动机是友好的，目的也只是想博他人一笑。但是如果掌握不好玩笑的尺度，就会引起不良后果。往往说者无心，听者有意，因此，聊天开玩笑的时候千万要注意不要过了头。不要认为彼此关系不错，就可以随意取笑对方的缺点。你的玩笑话容易被对方当成冷嘲热讽，很可能激怒对方，以致毁了两个人之间的友谊，致使你们良好的关系土崩瓦解，还会使其他人对你产生不好的印象。

某公司老总年过五十，却娶了一位二十出头的年轻妻子，并且结婚才两个月，就生了一个小孩。这位老总为孩子摆满月酒，亲戚朋友都赶来祝贺。老总一个要好的朋友也来了，这个人心直口快，而且很爱开玩笑。今天这种场合他也没有例外。

这位朋友为孩子准备的礼物是纸和铅笔，他亲自把礼物交给刚当上爸爸的这位老总，老总谢过了他，并且问："孩子才满月，现在给这么小的孩子赠送纸和笔，不太早了点吗？"

"当然不早，"这位朋友笑着说，"您的小孩儿太性急。本该九个月后才出生，可他偏偏两个月就出世了，再过五个月，他肯定会去上学，所以我才给准备了纸和笔。"他此话刚说完，全场哄然大笑，令老总夫妇无地自容。本来很好的朋友，从此断绝了来往。

谁都不愿意将自己的缺陷或隐私曝光，尤其是以开玩笑的形式公之于众，这会让他尴尬无比，甚至是愤怒。如果你不分场合不看时间随意取笑他人的缺点，容易让他觉得你是在冷嘲热讽。如果他是个比较敏感的人，你一句无心的话就可能触怒对方，使你们的关系变得紧张。所以一定要注意，有些玩笑话一旦说出去，就无法收回，也无法郑重地解释。到那个时候，再后悔也无济于事了。

中国有句老话，"祸从口出"，玩笑不能随便开，尤其不能拿别人的生理缺陷开玩笑。否则你们之间的友情很可能就会戛然而止，也许在以后的生活中还会成为对头。真正聪明的人，是懂得对他人的隐私持有尊重的态度，要知道有些事只能点到为止，掌握好"火候"才能调节气氛，增进友谊。

5. 坚决不说风凉话

在我们身边似乎总有那么一些人，舌如利剑，无论你做了什么他们都喜欢酸溜溜地说上几句风凉话，好像一天不嘲讽你心里就不舒服。可是他们却从不考虑别人的感受，也从不管"心直口快"带来的不良后果。

爱说风凉话的人大多具有极强的妒忌心理，比如你买了一件称心如意的衣服，他们会说"穿起来像村姑"；你偶尔在餐厅吃了一顿饭，他们会说"哎呀，真有钱，生活过得真是舒服"；你得到了上司的好评，他们会说"人家平常兢兢业业的，没事就往老总办公室跑，能不招人喜欢吗"诸如此类的话不绝于耳，让听者如鲠在喉，却又不好发作。所以，作为聪明人，一定要改掉爱说风凉话的毛病，这对你的人际关系有益无害。

刘志清在一家国际贸易公司做白领，虽然身居高位，却总是不招人待见，原因就是爱说风凉话，总是想方设法地嘲讽别人，同事们都对他敬而远之，他却浑然不觉。

同事小韩在公司里工作努力，勤奋上进，常常得到上级的表扬，刘志清和同事聊天的时候就说："你看人家小韩，平时不言不语，一旦说话就一语中的，领导能不喜欢吗？"小韩在娱乐时间和别人下跳棋的时候，无论输赢，刘志清都爱和小韩的工作扯上关系："小韩又赢了，下个单子的提成又有了，赶紧请客，让我们哥几个替你高兴高兴。"

这样的一些话不只在小韩身上出现过，其他的同事也不能幸免，刘志清的做法让同事们都很不舒服，虽然表面上和和气气，暗地里却非常不喜欢刘志清。

林肯有句名言："一个国家有五分之一的人是什么都反对，既提不出自己的观点，也不出来战斗，只会闷在家里说风凉话，这样是不好的。"相信每个人都尝过被人嘲讽的滋味，说风凉话的人在一旁津津乐道，自己却只能生闷气，心里难受无比。为了自己和他人着想，不如将风凉话改成赞美或鼓励，不论是谁都会喜欢和这样的人交往。

薛慧欣是一个特别爱说风凉话的人，但心不坏，朋友们也就忽视了她这个缺点，但是最近发生的一件事，却让她得到了深刻的教训。

那天，朋友小莉让薛慧欣陪她去相亲，在路上，薛慧欣说："就你这样还去相亲，不怕把人家吓跑啦！"小莉觉得她在开玩笑，也就没放在心上。到了目的地，双方都聊得很开心，其间，薛慧欣还照样开了几句玩笑，嘻嘻哈哈说了一些小莉的糗事，让小莉的脸色非常难看，薛慧欣却还是一个劲地说，现场气氛非常尴尬。约会结束的时候，对方说了一句再见就走了。小莉非常生气，没想到薛慧欣还继续开玩笑："有什么好伤心的，这不是预料中的结果吗！要我是他，我也不会选你啊，不漂亮不说，还长得那么胖，谁让你整天就知道吃啊……"

伤心的小莉哭着对薛慧欣说："没想到你是这种人，从今以后，我没有你这个朋友。"薛慧欣当场愣住，不知道自己到底哪里做错了。

也许你是开玩笑时说的话，也许你根本就没有恶意，就是管不住自己的嘴巴，但是你要知道"说者无意，听者有心"，就算是再好的朋友，风凉话还是不说为妙，以免最后不欢而散，自己还莫名其妙。

人在取得成功的时候都想要得到他人的肯定和赞扬，如果你在人家志得意满的时候说一些打击人积极性的话，无疑是给他人泼凉水；相应地，人在伤心的时候，更是需要他人的安慰和鼓励，如果你在此时此刻还要说上几句风凉话，简直就是雪上加霜。不管是前者还是后者，你所得到的结果都是不好的，所以，想要处理好同事间的关系，想要巩固朋友之间的友谊，就要做到，不管什么时候都要管好自己的嘴巴，坚决不说风凉话。

6. 不要轻易指责别人

现实生活中，很多人在不了解实情的情况下，或者为了表现自己的优越感，动不动就说"你这不对，那错了"，声色俱厉，言辞激烈，甚至侮辱谩骂。殊不知，即使你是对的，你也应该站在他人的立场上考虑一下对方的感受。聪明人懂得给人留面子，知道指责的目的是为了让别人认识并改正自己的错误，所以，有什么意见可以委婉地提出来，千万不要轻易指责别人。

牛根生说过："看别人不顺眼，首先是自己修养不够！"指责别人，并不能让他人立即改正，反而会显得自己乏味，甚至会伤害到自己。一味地指责别人是不明智的行为，有时候甚至让对方与你为敌，让你为此付出沉重的代价。

林肯年轻的时候，非常喜欢对别人进行评论，并且经常写信讽刺那些他认为很差劲的人。他常常把信直接丢在乡间小路上，使别人散步的时候能够很容易看到。即使在他当上了伊利诺伊州春田镇的见习律师以后，他还是经常在报纸上抨击那些反对者。

1842年的秋天，林肯经历了一件令他刻骨铭心的事情。当时他写了一封匿名信发表在《春田日报》上，嘲弄了一位自视甚高的政客詹姆斯·希尔斯。这封信使希尔斯受到了全镇人的讥笑。希尔斯愤怒不已，全力追查写信人，最后查到是林肯写的那封信。他要求和林肯决斗，以维护自己的名誉。本来林肯并不喜欢决斗，但迫于情势，只能答应。他选择了骑士的腰刀作为他的武器，并且请了一位西点军校毕业生来指导他的剑术。

在接下来的日子里，林肯一直处在一种十分愧疚和自责的状态下，因为这一切都是他指责对方的错误而导致的。他在这样的心态下等待着那惊心动魄的时刻的到来。幸好——非常意外地——在决斗开始的前一刻，有人出面阻止了这场决斗。

中国有句俗语："在你没有打扫干净自己屋子的时候，别去责怪邻居家的屋顶上有霜雪。"任何人都不要轻易地去指责别人，也许对方的行为举止让你忍无可忍，但是你完全可以使用更加委婉的方式与对方沟通，而不是以指责来激怒对方，导致双方关系的进一步恶化。

做了错事只知道指责别人，而不会反思自己，这是人们的弱点。因此，当你想要批评别人的时候，首先要学会换位思考，我们所要指责的人常常会为自己辩护，并反过来指责我们。一味地去寻找他人的缺点，指责他人，远不如发现自己的缺点，反省自己。

乔治先生是一家机械公司的安检人员，他工作中的一项任务是检查员工们是否在工作时戴了安全帽。工作期间，每当他看到有员工没有戴安全帽，他就会搬出一大堆公司的条文规定压人，并命令员工把安全帽戴上。被训斥的人当时会戴上帽子，但是，一旦乔治走了，就又把帽子重新摘下来。

乔治后来换了一种管理办法：当他看见员工摘下帽子时，他会很关心地问对方戴帽子是不是很不舒服或者大小是不是不合适。他的语气始终是一种平等、关心和让人愉快的口吻，当对方提完意见之后，他会诚恳地告诉对方安全帽是用来保护员工的人身安全的，并建议对方工作时一直戴着它。这一次效果果然不同，所有的人都把帽子戴上了——因为乔治先生让他们感到，戴帽子是一种需要，乔治先生是在为他们每一个人的安全考虑。

每个人在遇到挫折或者做错事的时候，都想要从他人那里获得理解和慰藉。而真诚的理解和慰藉的确是起死回生的良药。心地高洁的人深深懂得有过失的人的心理，往往能在别人出现过失时，善解人意，自我克制，出人意料地说出宽慰别人、温暖别人的话，使有过失的人恢复自信和自尊。

面对别人的过错，我们当然很生气。可是，指责不仅于事无补，甚至会适得其反。尤其是在对方知道错误的情况下，你的指责也许会成为一种危险的导火索，一种能使自尊的火药库瞬间发生爆炸的导火索。所以，与其一味指责，不如宽容原谅他人，这样一来，不仅能够促使他人改正过错，同时也会对你心存感激。

7. 别人的隐私，要么拒之门外要么烂在肚里

人们似乎都有一种爱好，那就是特别关注他人的隐私。比如那些名人的隐私，街头小报一旦出现了一篇有关某某名人的隐私，如"某某离婚揭秘""某某情变内幕"之类，就容易被哄抢一空。在与人交往中，为了避免引起别人的不快，赢得他人的尊重，一定要控制好想窥探他人隐私的好奇心。

心理学研究表明：谁都不愿把自己的隐私在公众面前"曝光"，一旦被人曝光，他就会感到难堪甚至恼怒。隐私是与公共利益无关的个人私生活秘密，如果不是为了某种特殊需要，都应尽量避免接触这些敏感区，免使对方当众出丑。

在大学的时候，王巧和单丽丽是一个寝室的，两人关系特别好，无话不说。后来，王巧发现单丽丽从来不提起自己父母的事，于是就随口

问了问，单丽丽一下子眼睛就红了，说出了实话：父母在自己上小学的时候就离婚了，后来爸爸病逝，妈妈嫁了别人，自己一直跟着小姑生活。

为了安慰单丽丽，王巧也说出了自己的一个秘密，说自己也有难以启齿的事，就是自己有体臭，之前做过手术，但伤口才恢复不久，就发现根本没有除干净，洗过澡后就没有什么，但是一出汗，味道就又来了。为这个事，王巧很害怕和别人靠得太近。两人就这样互相安慰着对方。

一年后，王巧有了男朋友，一次，她不小心说出了单丽丽没有父母的秘密，没想到男朋友是个大嘴巴，没过多久这件事就在班上传开了。单丽丽很是生气，于是也把王巧有体臭的事告诉给其他人，大家一下子看王巧的眼神都变了。为这事，王巧的男友和她分了手，而且王巧和单丽丽曾经那么深厚的友谊也随之破碎了。

每个人都有自己深藏心中的几个小秘密，如果你的朋友愿意把一些秘密和你分享，那你们之间一定是非常好的知心朋友，对于朋友的秘密，即便他没有叮嘱你不要外泄，但你自己应该心知肚明这种事传出去会对他造成影响。所以对于别人的隐私，请一定要咽进肚子里。否则，你会损失巨大。

为人处世一定要把好口风，什么话能说，什么话不能说，什么话可信，什么话不可信，都要在脑子里多绕几个弯子，心里有个小九九。害人之心不可有，防人之心不可无。一旦中了小人的圈套为其利用，后悔就来不及了！

卢青在一家公司上班的时候，办公室里有个男同事一直对她不错。有一次那个男同事找了个机会向她表白，说很喜欢她。当时卢青已结了婚，便告诉他这是不可能的，他说他不图别的，只要能经常关心她就很快乐。后来有个和卢青关系还不错的女同事发现了他对卢青的关心,就问是怎么回事,卢青也没多想就告诉了她。

但是谁也没想到,没过多久,因为工作上的事情,卢青和她闹僵了,而她为了达到个人的一些目的,以卢青当初向她透露的情感秘密作为造谣生事的武器。这其中受伤害最大的还是那位男同事,最终他不得不选择了离开,而卢青也为此内疚了很长一段时间。后来卢青谈起这件事的时候说,有些情感上的隐私千万不能对别人说,说出来就可能给别人和自己造成不可弥补的伤害。

隐私是个人的事情,这种不愿为他人知晓、不愿被他人干预或者不愿为公众所知晓的心理是很正常的。所以在"吐露心声"之前,请预想一下自己的言论是否会为自己赢得同情或带来危害,保护自己立于安全地带。

每个人都有属于自己的隐私和小秘密。也许是过去的一段不堪回首的经历;也许是一次不幸的遭遇;也许是自己做过的一件不光彩的事情;也许是自己内心情感世界的动荡变化等等,一旦泄露出去,就会对当事者产生各种难以预料的影响或伤害。

所以我们一定要善于控制自己,明白什么是可以说的,什么是不可以说的。不应说的话,无论在什么情况下,无论对什么人都不能泄露,一定要做到守口如瓶。不要让别人的隐私从自己口中传出,否则自己很容易受到伤害,苦果最终还得自己品尝。

8. 你的心事不可随便说

在现实生活中,每个人都会有心事,但心事不能随便对人倾吐,要谨言慎行。古语说:"逢人只说三分话,不可全抛一片心。"心事不要随便说出来,当别人看透或者知道你的心事的时候,你的脆弱就会暴露在别人面前。任何人若能在保守秘密这个问题上处理得当,就不会因泄露秘密而把事情搞得复杂化。所以,当在滔滔不绝地向他人诉说你的心事时,你确定你已经找对人了吗?

如果你的心事必须一吐为快,一定要想到:这件心事能对他讲吗?谨慎地处理自己的心事,是对自己的保护,因为倾吐心事会显露一个人的脆弱点,这种脆弱点会改变他人对你的印象。

袁熙是个脾气暴躁的人。有一次,袁熙在没有问清楚事情原由的情况下就开始对他的下属陈玲发脾气,委屈的陈玲被训斥哭了……下班之后,同事杨柳和陈玲一块儿吃饭,杨柳说:"袁熙今天太过分了,你别往心里去,别伤心了啊。"陈玲刚刚平复的心情又乱了,眼泪掉了下来:"你说这件事怎么可以怪我呢?平时什么事我都是安排给下面的人来做。总得有个安排的过程吧,他想起这件事情就要求我立刻交出结果,我能怎么做呢?"

杨柳赶忙安慰说:"唉,谁让他是老板呢,老板一不高兴,说不定连薪水都不给你发。还是忍忍吧。"陈玲一听这话哭得更加伤心了:"怎么忍啊?他也不弄清楚事情就乱骂人,谁也受不了啊。别看袁熙在我们面前耍威风,那天我逛街看到他跟一个年轻女人非常亲密,一定是在外面养了小情人,哼,都这么老了还这么浪!一天到晚就知道对我们这些下属发脾气，太没有老板的魄力了。"

杨柳听到这个没有说什么，淡淡一笑，一个星期以后，陈玲忽然接到通知，她被调到储运部清点库存了。陈玲为什么突然间被调到储运部门？难道是因为袁熙上次对陈玲发脾气？原来是陈玲在吃饭时口不择言的"倾诉"，被杨柳一五一十地告诉了袁熙。

心理学家说，人若有心事，应该说出来，才不会在心内郁积，闷出病来。这个说法基本上是没错的，要说出来可以，但不能随便说。所以在倾诉之前一定要谨慎选择倾诉的对象，你也许只是想发发牢骚，没有其他的目的，更无意要伤害和对付谁，但是说者无意，听者有心，小心你说的那些"心里话"，有一天会变成他对付你的"利器"。

一天，杨明生在酒吧里遇到了喝醉酒的张鑫，看见张鑫喝得酩酊大醉，杨明生说："老张啊，你喝醉了，我送你回去吧。"一脸醉意的张鑫说："唉，你可不知道我有多难啊……"杨明生连忙附和："知道知道！"心想得赶紧把张鑫送回去，但心里总归有些别扭，因为以前杨明生曾经找张鑫帮忙解决工作调动的问题，但遭到了张鑫的拒绝。

杨明生心里正琢磨着呢，只听见张鑫醉醺醺地说："上次你跟我说你调动工作的事情，不是我不想帮你啊，那个位子，当时多少人盯着呢。大刘的儿子、老杨的侄子都想要，大刘的官比我大啊，我得看他的脸色行事，不得不给他儿子。按说你的能力是最强的、最合适的，我也很想把那个位置给你的。但是我没有办法啊……"杨明生听到这里气往上冲，他没有想到自己申请调动工作失败是因为大刘的原因。

第二天，杨明生就气冲冲地闯到大刘的办公室找他理论，越说越生气，最后两个人就吵起来了，杨明生非常激动地说："昨天张鑫喝酒的时候都跟我说了，你还想狡辩吗？"没过几天，张鑫就接到了公司的下调信。

每个人都有寻求他人理解的本能。也许有一天,你遇到一个你以为很理解你、很能谈得来的人,一时情绪失控将心事和盘托出,如果当时你没有考虑你的倾诉会给你带来什么样的后果,也只能等着后悔了。所以心事不是对谁都可以说的,即使是再亲密的人,在向他倾诉的时候也要考虑清楚,那个人是否值得信任,以免你现在的一吐为快变成日后他人攻击你的把柄。

9. 切莫逞一时口快,而刺伤他人

在生活中,每个人都有过这样的经历:自己无意间的一句话,却给别人带来了很大的伤害,也给自己带来了一些烦恼和困惑,到头来自己还莫名其妙:"我就是随意的一句话,他怎么会生气呢?有那么严重吗?"

蚊虫遭扇打,只为嘴伤人。因为许多人常常不假思索就信口开河,因而导致种种不良的后果。若只为满足自己的一时口快而言语不慎,让别人下不了台,也会把自己的事情弄得很糟,这是不礼貌的,也是不明智的。因此,在与人交谈时必须注意,切莫逞一时口快,而刺伤他人。

季羡林老先生的一句"假话全不说,真话不全说",充分展示了他的修养和礼貌。生活中会遇到这样一些人,心直口快,说话不讲究措辞和语气,怎么想就怎么说,这样的人我们通常会说其没心眼,这种人往往容易在不经意间伤害到别人。

下班回家的郑立新看到邻居刘柏林在和一个退休的老干部下象棋,身为象棋迷的郑立新立即卷入了其中。看着看着,郑立新感觉一方走的一着棋不甚理想,便不可抑制地开口:"哎哟,这棋走得臭哇——"刘柏林白了郑立新一眼："我还用你教？"而那个老干部则客客气气地说："要不下一局你来下。"在两个老者的"软硬兼施"下，郑立新被迫住嘴了。可是不久又见刘柏林有臭着儿出现，郑立新那嗓子不知怎的还是奇痒无比。为了不再挨骂，只好勉强忍住。

可是，如果再忍下去的话，那就又犯了见死不救非仁义之嫌了——因为老干部出了一手妙着儿，刘柏林却还蒙在鼓里！郑立新又一时口快："快回马！快回马！"此话一出，就知又错了，还来不及改错，那位一直很客气的老干部终于怒不可遏："你这人怎么嘴这么快啊！"

受此一番羞辱，郑立新悻悻然离去，心里却很不是滋味。转念一想，谁喜欢在做一件事情时有人在一边指指点点地絮絮叨叨呢？自己的一时嘴快，无疑会刺伤别人的自尊心，这种招人厌恶的事自己为什么要做呢？

心直口快并不是什么优点，特别是那种不负责任的对人不对事的挑剔指责，全然不顾自己的德行修为，对不熟悉的人来说是莫名其妙的反感，对朋友来说是不能接受的尴尬，对爱人来说是心碎一地的重伤难愈。就算是真话，有些场合和有些时候说出来也会很刺耳，就更别提那种自以为是的"真话"了。

说话不注意，只因一时口快就恶语伤人，不仅伤人面子，还会破坏朋友之间的感情，若本来就是不太熟悉的人，恐怕还会徒增怨恨。逞一时口头之快只会给自己树敌，人际交往的原则应该是永远避免跟别人发生正面冲突，只有谦卑待人，才能得到长久的友谊。

第十一章

改掉不受人欢迎的说话习惯

每个人都有自己不同的说话习惯,有的人雷厉风行,说话快人快语;有的人不紧不慢,说话慢慢吞吞;有的人不善言谈,说话结结巴巴;有的人过于高傲,说话颐指气使;有的人过于张扬,说话锋芒毕露;有的人舌灿莲花,说话滔滔不绝。不同的说话习惯带给他人的心理感受是不一样的,有些说话习惯会让其他人感觉到极不舒服,这样的人必然会被他人排斥。所以,我们应该努力改掉那些不受人欢迎的说话习惯。

1. 抬高自己，但别贬低别人

每一个人都愿意和优秀的人交往，因此，为了获得良好的交际效果，得到更多人的赞同，在社交场合中，抬高自己是有必要的。善于交际的人，总是会在社交场合尽量将自己的优势展现出来。比如，善于言谈者，总是能够找到新颖的话题供大家讨论，并将话题的讨论带向高潮；博闻强记者，总是会不失时机地展现自己渊博的知识和广泛的见闻。这样的人总是社交场合的宠儿，他们的表现总是能够赢得一阵阵掌声。

但是，在抬高自己的同时，切记不要贬低他人。比如，你在展现你的健谈的时候，不能总是强逼着那些不善言谈者发言；你在展现自己的博学多才的时候，不能总是向那些知识匮乏的人询问问题。否则，你抬高自己将会失去意义，因为那些被你挤兑的人将会怨恨你，而其他人也会因为你的这种行为而对你的人品产生怀疑。

事实上，所谓的"抬高自己"就是在社交场合中努力地表现自己，将自己的优点无限地突出，而掩饰自己的缺点，这样则可以给人留下一个好的印象。但是有些人并不这样，他们总是认为抬高自己与贬低他人有必然的联系，因为没有一个人作为对比，是很难突出自己的。所以，他们总是在不自觉中，将自己与他人进行比较，结果虽然突出了自己，却得罪了别人，也影响了自己在别人心目中的形象。

李建军是一家公司的经理，有房有车，在深圳那样一个地方，算是

第十一章 // 改掉不受人欢迎的说话习惯

一个生活得很不错的人。那一年，他突然心血来潮，想要举行一场大学同学聚会。经过他的精心准备，大概邀约了20人参加。

聚会的地点选在一家比较高档的酒店，李建军早早地就在那里等候着。这一群多年不见的老同学一见面，感觉分外亲切。酒酣耳热之后，大家开始聊起了各自的生活。李建军非常得意，因为在所有的同学里，几乎没有一个人可以和他相比。也不知是酒劲上来了还是怎么着，他一直在饭桌上夸夸其谈，讲述自己的奋斗史，讲述自己现在所取得的成就。

在他讲这些的时候，很多同学都有些不高兴，但是正在兴奋状态中的李建军并没有感觉到。他斜着眼睛，看着一名看起来混得不怎样的同学说："老同学，看见了吗？门口那辆最好的车就是我的，当时花了我50万元呢！我听说你是坐火车过来的，早告诉哥哥一声，哥哥开车去接你啊！让你感受一下这豪华车的感觉。"那位同学冷冷地说："我可高攀不起。"然后一甩手就走了。当时李建军也没有理会，依然自说自话。整个同学聚会的气氛一下子就冷了下来。

第二天，李建军酒醒了，意识到自己昨天是过分了，于是他赶紧打电话给那个同学道歉。那位同学虽然没说什么，但是李建军听得出来，他还在生气，而且两人的关系肯定就此破裂了。

抬高自己是社交场合的必然要求，没有人会阻拦我们，但是如果我们把抬高自己与贬低他人混到一起，那么抬高自己的目的就无法实现了。本来拿自己的优势与别人的短处相比就是不公平的，这种对比本身就毫无意义。再加上贬低别人实际上就是对他人的不尊重，这更加会让我们的人格大打折扣。

在我们的周围总是存在一些习惯于用贬低他人的方式抬高自己的人，他们总是在不自觉中将贬低他人的话说出口。比如，当身边的同事买了一件漂亮的衣服的时候，她凑上前去说："哎呀，你怎么买这种衣服，一点也不好看，你记得我上周穿的那一件吗？那种款式才是最流行的。"本来同事买了一件新衣服，心里挺高兴，听了她这话，心里肯定添堵。

如果你是刻意在公众场合贬低他人，那么只能证明你是一个心胸狭隘、缺乏修养的人。这会使你的形象在众人面前一落千丈，最终众叛亲离。有些人为了表现自己，总喜欢在背后谈论别人的是非，拿别人的短处取乐；有些人对他人心怀怨恨，只要有机会，就会公开诋毁对方。这样的行为会让所有的人不齿，会让所有的人对你的品行道德持有怀疑态度。

总而言之，为了扩展自己的交际范围，提高交际的效果。获得广泛的人脉关系，我们有必要主动抬高自己，但是在这一过程中，一定要谨记，不能贬低他人。无论你是出于无心，还是出于有意，贬低他人的言论都会成为阻碍交际的绊脚石。

2. 不要总想着"一吐为快"

在我们周围存在一些"大嘴巴"的人，他们从来不考虑什么话该说，什么话不该说，而是完全由着自己的性子，只图嘴上的痛快，把该说的不该说的都说出来，结果因一张"大嘴巴"而到处得罪人。说话的目的是准确地表达自己的思想和意见，但是也不是任何时候都能毫无顾忌地把自己的思想和意见表达出来。因此我们在说话的时候，必须要顾及别人的感受，切不可只图自己的嘴巴痛快，而不断地伤害他人。

第十一章 // 改掉不受人欢迎的说话习惯

说话是重要的交际手段，良好的沟通能够促进人际关系的发展，但是如果我们口无遮拦，一次次用言语伤害对方，那么它就会成为导致人际关系恶化的罪魁祸首。所以，我们一定要管好自己的嘴，话在出口之前，一定要先在脑子里过三遍，站在对方的角度想一想，这样的话听在对方的耳朵里，会是一种什么样的感受？如果会让对方感到不舒服，那就把话咽回肚子里。

肖璐和李丹是一对好姐妹，在大学的时候就形影不离。毕业之后，两人在同一个城市工作，虽然不能再像以前一样天天在一起，但是也经常会约着见面。虽然已经不是学生了，但是大学时的脾气还没改。只要一见面，两人就互相调侃。一个说："哎哟，你还活着呢。"另一个则说："你都还没归西呢，我哪敢先去呢。我还等着给你送花圈呢。"说完两人都哈哈大笑。这样的玩笑成了两人关系的润滑剂，使得两人一直非常要好。

有一回，李丹生病了，在医院一住就是一周，心情非常低落。作为好朋友的肖璐听说了，自然是急忙地赶过去看望她。看着好朋友憔悴的面容和没精打采的样子，肖璐就想逗逗她，于是说："你没死啊，害得我白高兴了一场，我连花圈钱都给你准备好了。"谁知，这一回李丹没有像往常一样回应，而是瞪着双眼，愤怒地说："没心没肺的东西，滚滚滚，别再来烦我。"一边说一边就把肖璐赶了出去。肖璐感到莫名其妙，好姐妹怎么说翻脸就翻脸呢？

在说话之前，一定要考虑一下你的话是否合适，绝不可想说什么就说什么，那容易给人造成不快。即使是亲密无间的朋友，也不是什么话都能说的。平时，开开无伤大雅的玩笑，是增进友谊的润滑剂。但是场合和时机不当的时候，如果你还是像以前一样，那么你的话就会伤到对方了。

不同的场合应该说不同的话，同样的一句话在不同的场合说出来给别人的感受是不一样的，所以，说话的时候，我们应该树立场合意识。比如说，在公开场合，当你看到一个人的裤子拉链没有拉好的时候，你不能当着众人的面说出来，那会让对方非常尴尬。当你闻到一股难闻的气味的时候，也不要大声地责问"是谁放屁了"。

与别人进行交谈的目的是增进彼此的关系，当我们能意识到这一点的时候，我们就会非常认真地考虑自己所说的话是否合适了。性格直爽在某种意义上来说，是一种很好的特质。但是在实际生活中，却往往容易因为太过直爽而伤害他人，最终会使周围的人都不敢与自己过于亲近。所以，无论你是什么样性格的人在说话上都要注意，与别人说话的时候，不能为了逗口舌之快，而不顾他人的感受。

一吐为快虽然会让我们感到很痛快，却有可能会给自己招来祸患。当我们一而再，再而三地因言语的不当而触犯到旁人的时候，祸根已然种下。若是我们出言不逊，触犯到的是能够决定我们前途的人，那么我们的前途也就会毁在自己的说话上。

某公司在召开年度总结大会，老板正在上面就全年的公司运营状况进行详细的总结，突然一名员工站了起来，大声喊道："错了，错了，您刚才说的数字错了，那是上个季度的统计数字，年底的应该是……"

正在台上讲得眉飞色舞的老板听到这话，羞得面红耳赤，脸色变得要多难看有多难看，这突如其来的状况让老板措手不及。事后不久，老板就寻了一个由头将那个员工开除了。

事实上，管好自己的嘴巴，最重要的是控制好自己的情绪，在很多时候，一些不该说的话往往都是在情绪烦躁或者是异常愤怒的时候说出来的。比如说，当你受了委屈的时候，你有可能会到处倾诉自己的委屈，在这个时候很容易吐露不当的言语；当你和别人吵架的时候，怒火冲昏了头脑,只想在语言上压倒对方,你就会专门抓住对方的痛处"下手",在语言上攻击对方。

总而言之,如果你不想因为言语的失当而使自己被孤立,不想因为语言的失当而影响自己的前途,那么就请管好自己的嘴巴,把那些不该说的话全部都吞回肚子里。不要为了逞一时的口舌之快而说出那些伤害他人的话。

3. 不要光说不练,爱吹牛的人惹人厌

在我们的周围总是存在一些喜欢夸夸其谈的人,他们嘴皮子上的功夫可说是无与伦比,整日里将自己夸得神乎其神,可是从来没有人见过他真正地做出过什么成绩。比如说,有人经常说自己歌唱得好,可是从来没有人真正听过他唱歌;有的人经常吹嘘自己干过多大的事业,可是人们却从他的身上看不到任何成功人士的影子。这样的人正印证了一句老话"天桥的把式,光说不练"。

老北京的天桥上有个武术场子,武术场子是两父子摆的。做父亲的宣称自己有一手"弹弓绝技",他可以打含在儿子口中的弹子;儿子就在旁边配合,鼓着嘴,把弹子半含在嘴中。父亲把自己的神技宣讲完了之后,并不急着表演,而是先收钱。等到钱收得差不多的时候,有一大半的人已经离开了。于是他接着再开始向新来的观众讲述自己的"绝技"。如此循环往复,他一直也不需要表演就可以收到钱。

光说不练的人是最讨人嫌的。当人们都不知道他的底细的时候,或许会被他精彩的"演说"吸引,个个对他很佩服。但是长时间"光说

不练"，人们自然就对他的底细有了真正的了解，谁也就没有闲工夫听他耍嘴皮子了。当一个人把吹牛变成一种习惯的时候，早晚会成为人们的笑柄。因为没有任何一个人的大话是没有破绽的，被人识破是早晚的事情。

一个人之所以爱吹牛，主要的原因就在于他非常希望能够得到别人的认同，而自身的能力不足决定了他不可能在现实中做出什么大的成就，因此他只能通过吹牛的方式来满足自己的虚荣心。可是，他们却没有意识到，这种自我陶醉的做法根本就不靠谱，虽能过一过干瘾，却没有想过这样做的后果。当人人都把他当成一个只会说大话的人的时候，他的形象就会一落千丈，人人都不再相信他。即使他以后想要脚踏实地，只怕也不会有人再给他机会。

李俊从小就有一个坏毛病，那就是喜欢说大话，这个坏毛病一直到他参加工作的时候也没有改。当他大学毕业去参加面试的时候，在面试官面前，将自己夸得非常优秀，面试官对他这个侃侃而谈的小伙子也非常看重，就这样他得到了工作。

他所做的工作是策划，这一天，部门的主管找到他说："小李啊！你今天上午做一份视频广告吧，宣传咱们公司的，做好之后发给我，我要把它放在公司的网站上。"李俊脑袋一蒙，说："对不起，我不会做视频。"主管奇怪地看着他说："当时面试的时候，你不是告诉我自己既会平面设计，又会视频编辑吗？怎么现在又说不会了呢？"李俊没想到，主管还记得这个茬，只能硬着头皮说："我只是懂一点点，如果让我单独完成一个视频的编辑，我是做不来的。"主管不悦地看了看他说："那我知道了，你做你的工作吧。"

从那以后，李俊就明显地感觉到主管对他没有了以往的热情，也不再把他当成"自己人"，也不再安排他做任何工作。等到试用期满的时候，李俊就被辞退了。

当我们将自己的能力无限夸大的时候，我们就应该想到，这些吹牛的话是不可能长久的，当别人要用实践来检验的时候，就是一切露馅之时。所以，无论在什么时候，我们都应该诚实，自己有多大的能耐，就说自己有多大的能耐，如果没有，切不可自我夸大。

不仅如此，当你为了满足自己的虚荣心，而不断地在旁人的面前吹嘘自己的时候，对于他人来说就是一种不尊重。比如，当别人正在兴高采烈地说自己拿到了某某奖的时候，你突然插口说，这样的奖你拿过很多次，言外之意就是这种奖根本就不值一提。你的这一句话吹嘘了自己，却得罪了别人。

言而无实事则废。吹嘘自己不具备的或者根本就没有的能力，只会招惹别人的厌恶，当我们被人定性为"爱吹牛的人"的时候，再想重新建立自己的形象就很难了。一个只会吹嘘自己，而不能做出成绩的人，不会得到任何人的赞赏。吹嘘自己的人或许就是仅仅为了获得心理上的满足，却没有想过，当他用吹嘘的方式糊弄周围的人的时候，一旦有人将他的话当真，而他又不能兑现自己曾经夸下的海口的时候，会是一个什么下场。

唐昭宗乾宁三年，天下大乱，唐昭宗忧心忡忡，希望有一个杰出的人才能够辅佐自己，平息一切。时任国子监博士的朱朴自夸道："如果我当宰相，一个多月就能使天下太平。"病急乱投医的唐昭宗相信了他的话，提拔他为左谏议大夫，同平章事。

朱朴昏聩无能，见识浅薄，是一个迂腐的儒生，根本就没有什么安邦定国的才能。诏令颁布之后，朝野上下议论纷纷。当上了宰相的朱朴一直也拿不出一条能够让天下太平的措施出来。唐昭宗一怒之下将他贬到边疆蛮荒之地去了。

总而言之，做人最重要的是要本本分分、脚踏实地，即使你没有过人的才华，只要你实实在在地做事，一样能够获得别人的尊重。因此，与其花大量的时间、精力来编造那些欺骗他人、欺骗自己的夸大言辞，不如切实地提高自己的能力，做好自己的事情，用事实来赢得他人的认同。

4. 长话短说，长篇大论令人厌

你是否因为别人的啰里啰唆拍案而起，是否因为别人的含混不清而大声呵斥？恐怕每个人都有过这样的经历。那些连篇累牍的话语是最容易引起别人反感的，也是最让人难以忍受的。当一个人啰里啰唆了一大堆，还没有说到重点的时候，倾听者必然是烦躁无比。

你的话语是否精彩，是否有力量，是否能够赢得他人的共鸣，与你所讲话的长度是没有任何关系的。真正能够赢得听众的讲话是那些充满理性和思辨、拥有独特的观点的话语。如果你在讲话中不断地用一些大话套话，讲一些陈词滥调，不断地重复别人讲过的众所周知的观点，听众在听了一段时间之后，依然是不知所云，那么你的讲话必然会引起听众的心烦和厌倦。那些高明的演说家，从来不会在演讲中浪费大量的口水，他们只用短短的几句话就能够赢得听众。

1939年6月18日，法国流亡将军戴高乐在英国广播电台发表演说。当时德国入侵巴黎，法国合法政府解体，形势极为混乱，法国人民也是人心惶惶。在这场演说中，戴高乐将军开门见山地提出了当时萦绕在人们心头的三个尖锐问题："事情已经定局了吗？希望已经没有了吗？失败已经注定了吗？"

对于这三个问题，戴高乐将军是这样说的："没有！法国没有完。使我们失败的那些因素，总有一天会使我们转败为胜。"就这样短短的几句话给了正在慌乱当中的法国人民以精神支持，鼓舞了法国人民的斗志，坚定了法国人民斗争到底的决心，同时狠狠地打击了德军的嚣张气焰。

戴高乐将军的演说非常简单，没有对战局的分析，没有对影响战争因素的分析，也没有各种无聊的官话。戴高乐的正常演说只用了200多个字，但是这200多个字，每一个字都深深地撞击着法国人民的内心，引起了法国人民的强烈反响。这篇著名演说在第二次世界大战中起到了力挽狂澜的作用。

无论在什么时候说话，想要抓住别人的心神，最重要的就是要切中要害，在最短的时间将自己想要表达的意思表达清楚，将对方想要了解的信息传达给对方。只有这样，听众的全部心思才能够被你的话语吸引，才不会被你的话语催眠。比如说，当你要向别人传达消息的时候，如果你从这个消息从哪里来，你又从哪里得到这个消息说起，那么听消息的人必然会极其不耐烦。相反，如果你先将消息的主题告诉对方，满足了对方的好奇心理，他才会耐心地了解消息的具体内容。这也就是为什么新闻消息要采用"倒金字塔"结构的原因。

很多人之所以会在那种长篇累牍的报告会或者是演讲会上昏昏欲睡，就是因为讲话者不能在第一时间讲出吸引他们的内容。那些照本宣科式的演讲对于听众来说简直就是一种折磨，当然没有人耐烦去听。中国著名的新闻学代表人物邹韬奋于1936年10月19日在上海各界公祭鲁迅大会上的讲话，只讲了一句话："许多人是不战而屈，鲁迅先生是战而不屈。"就这么一句话既歌颂了鲁迅的战斗精神，又尖锐地批判了懦夫退缩的思想。比之那些空洞地讲述人尽皆知的鲁迅一生的演讲要有吸引力得多。

所以，我们平时的讲话一定要注意不要啰里啰唆。无论是和别人闲聊，还是向别人提意见，都用最简单的话语将自己的意思表达清楚就行了。

尤其是我们要劝服别人的时候，更要让自己的语言简短精练，一针见血，否则，我们的意见是不可能被对方接受的。因为我们无法一针见血地点到问题的关键部分，就无法令对方瞬间觉醒，而我们那些啰里啰唆的言语则有可能会触怒对方，加剧对方的反感，造成对方对他自己意见更加顽固的坚持。

上林苑是供皇帝打猎嬉戏、游玩消遣而建造的一大片园林。丞相萧何认为园林奢侈，应该缩减，于是向刘邦建议将上林苑中的大片空地让给老百姓耕种。刘邦为此大发雷霆，让老百姓在上林苑旁边种地是前所未有之事，也是对皇帝的不敬。所以，刘邦认定萧何是收了老百姓的钱财，才这样为他们说话办事的。于是他下令将萧何抓捕入狱。

在这万分危急的关头，一个姓王的侍卫官上前劝告刘邦说："陛下是否还记得当年与项羽抗争以及后来铲除叛军的事情呢？那几年，皇上在外亲自带兵讨伐，只有丞相一个人驻守关中，关中的百姓非常拥戴丞相。假如丞相稍有利己之心，那么关中之地就不是陛下的了。您认为，丞相会在一个可谋大利而不谋的情况下，去贪百姓和商人的一点小利吗？"

简短的几句话，句句击中要害，刘邦深有感触，立刻意识到自己错怪了萧何，于是当天便下令赦免萧何。这个侍卫官是个聪明人，他懂得如何去劝谏人。如果他痛哭流涕地在刘邦面前，细说萧何立下的大功，请求刘邦赦免的话，只怕会更加加重刘邦的疑心，萧何恐怕就死无葬身之地了。

总而言之，无论和什么人说话，最重要的就是要在第一时间让对方清楚明白地知道自己的意思。这就需要我们懂得抓住问题的关键点，一语中的，减少说那些无用的客套话，直接切入主题，用最简练的语言将自己最迫切想要表达的观点表达出来。只有这样说话，才能让对方乐于倾听，而不会因为我们的话枯燥乏味、漫无目的而心生厌恶。

5. 抱怨的话不要太多

当我们感受到不公平或者是被负面情绪笼罩时，抱怨的话就会"噌噌"地往外冒。当我们始终没有好的机遇的时候，我们会抱怨命运的不公；当我们始终没能得到提升的时候，我们会抱怨上司不懂得慧眼识珠；当我们为收入过低而烦恼的时候，我们会抱怨公司不给自己加薪水；当我们感到疲惫的时候，我们会抱怨工作太多。总而言之，现实的生活中，总是有很多事情"值得"我们抱怨。

抱怨的话在很大程度上可以帮助我们舒缓郁结的心情，然而，当我们经常把抱怨的话挂在嘴边的时候，将会给我们带来很大的负面影响。生活中总是有很多的事情会让我们不满，如果我们对每一件不满的事情都要抱怨一番的话，那就真的会没完没了了。如果这些抱怨的话被那些不应该听到的人听到了，那么最终会毁了我们的前途。

廖波是一个非常优秀的人，也是一个追求完美的人。当他被猎头"猎"到一家民营制造企业担任制造总监时，他决心要做出一番事业。可是很快他就发现，在这家公司里，存在很多问题：战略不清晰、管理混乱、保险不健全、老板经常变换思路等等。这些问题在廖波看来都是一个优秀的企业所不应该存在的。

然而，他并不是老板，这里的一切并不能任由他来改变，所以，他越来越感觉工作环境压抑。有一回，他实在是忍不住了，对老板抱怨说："你请我来是干事业的，不是来和你们变来变去的。"不仅如此，他还经常在同事群里抱怨企业存在的问题，说这样的企业没有前途，这样的老板不值得效力，等等。

一开始的时候，这样的话传进老板的耳朵里，老板并没有太在意，毕竟廖波还是一个不可多得的人才。但是，当这样的话源源不断地传进老板的耳朵里的时候，老板有些动摇了，因为这样下去将会影响整个公司的士气。当廖波这样的一句抱怨传进老板的耳朵里的时候，老板终于决定要将他辞退。廖波说："这回简直是掉进了火坑，居然还有这么落后的制度和管理……"

现实的社会就是如此，永远都不会和我们想象中的一样，世外桃源就是一个幻觉，在现实生活中永远不会存在。如果你总是以自己理想中的生活来衡量现实中的生活，那么抱怨就会如影随形。而这些抱怨根本解决不了任何实际问题，反而会给自己带来麻烦。

当我们心中出现压抑的情绪的时候，如果不能及时宣泄，必然会对自己造成不好的影响，但是如果我们把抱怨当成了一种习惯，它将危害匪浅。无论我们对现实的生活有多么的不满，我们还是要生活下去，如果我们不能积极主动地去适应这个社会，那么我们必将会被这个社会淘汰。

当我们习惯于抱怨的时候，我们的行动力就会越来越差。尽管在很多情况下，我们的抱怨看似有根据，而且能够把各种原因分析得相当透彻，但是我们却从来没有想过通过自己的努力去改变这一切。当我们把一切都诉诸于口头以图一时痛快的时候，别人对我们将会失去信任和支持。没有任何一个人喜欢一个整天抱怨的人，也没有任何一个人愿意给一个只知道抱怨的人机会。

第十一章 // 改掉不受人欢迎的说话习惯

王小峰和宋离在大学的时候就是好哥们儿，大学毕业之后，两人一直保持着联系。在两年的时间里，两人都在各自忙活着自己的工作，很久才能见上一次面。但是每次见面，王小峰总是会对自己的哥们儿诉说自己的"不幸"，这让宋离也难以理解，一向乐观的王小峰怎么会变成这个样子。

王小峰大学毕业之后，工作的事情一直都不顺利，前前后后换了四五个工作，每一个工作都干不了太长的时间，自视甚高的王小峰越来越觉得命运不公。所以，每次他和宋离见面的时候，都是他辞职的时候。心情不好的王小峰自然是每次都在抱怨。前几次的时候，宋离为了安慰他也随声附和两句，然后鼓励他振作起来。但是，长时间下来，宋离觉得不耐烦了，他怎么也不明白王小峰怎么会有那么多的不满。其实王小峰的抱怨是每一个和他一样的大学生都遇到过的困难，宋离也一样，根本就不值得抱怨。宋离觉得王小峰已经不再是以前的那个好哥们儿了，也不再愿意每次都陪着他指天骂地，所以，此后王小峰再邀请他的时候，宋离都拒绝了。

和抱怨一起的是失落和悲观的情绪，每个人都希望和优秀的人结交，都希望能和自己的朋友互相勉励，一起进步，而不是充当一个"救世主"的角色，每天去安慰自己悲观的朋友。当然，每个人都有情绪失落的时候，也都有抱怨的时候，偶尔和朋友一起"指天骂地"当然是没有问题的，但是这不能变成一种常态。

抱怨得到的是一时的痛快，我们不能用抱怨代替行动。当我们只懂得抱怨的时候，我们就再也没有能力去面对现状。所以，不要再一遍一遍地向别人倾诉自己的不满，那只会让情况越来越糟糕，要记住：行动永远比抱怨有效。

6. 让别人先说，自己后说

在现实的生活中，喜欢抢先说话的人大有人在，似乎只要是自己先说，就能够以压倒性的优势折服对方，使对方感到自己是一个不平凡的人物。事实上，这是一种很不受欢迎的说话方式。首先，在谈话中，抢先说话是对他人的一种不尊重；其次，在不了解对方的情况下侃侃而谈，往往会被对方认为是一种自我吹嘘。

比如说一些销售人员为了推销自己的产品，往往是滔滔不绝地向顾客吹嘘自己的产品。其实顾客对于这种如簧之舌、天花乱坠的说话根本就不感兴趣，决不会相信而立即购买。相反，如果给顾客说话的余地，使他对货物有评论的机会，你们成为对此货物互相讨论的人，你的生意便可能做成了。

凌霞是一名房产经纪人，这一天有一个客户打电话过来说要找一套房子，对方还没有说什么条件，凌霞就开始自吹自擂，说自己的公司多么专业，服务多么周全，自己多么认真，最后强调自己一定能够帮助对方找到一套满意的房子。等她喋喋不休地说完之后，客户才有机会把自己的要求提出来。

过了没几天，她找到了一套自认为非常符合客户需求的房子，然后就打电话约客户去看房。在看房的时候，客户表示该房与自己的要求不符，凌霞又开始劝说客户买下这套房子，把这套房子夸得天上有、地下无的。客户几次想插嘴说自己不愿意要这套比较偏僻的房子都没能插上嘴。最终客户终于忍受不住她的狂轰滥炸，直接说自己不买了，然后就走了。剩下凌霞一个人在那里发呆。

让别人先说，自己后说是一种很有效的说话方式。当我们以劝服别人为目的进行谈话的时候，倾听往往比说话更有效果，因为有效的劝服都是建立在倾听的基础之上的。首先，倾听是对他人的一种尊重。如果你在谈话的过程中一直喋喋不休而不给对方任何发表意见的机会，自然会显得非常霸道，对方自然不乐意将这样的谈话进行下去。相反，如果你能够注意倾听对方的谈话，那么对方就能从你那里得到一种被重视的满足感，因为你的认真倾听证明他的谈话对你来说是有意义的。这样，你与对方的谈话就能够越来越投机。其次，认真地倾听可以帮助我们获知对方的需求，这有助于我们展开有针对性和说服力的谈话。当我们想要劝服对方的时候，我们首先要了解对方的需求，只有这样，我们才能给予对方所需。通过倾听对方的谈话、观察对方的语气神色，我们就能有一个大致的判断。这样一来，我们所说的每一句话对于对方来说就都是有意义的，对方自然也就乐意倾听。所以，让别人先说，自己后说，在劝服性的谈话中是非常有效的。

让别人先说，自己后说，不仅在劝服性的谈话中非常有效，在交际场合中也是非常有效的。在交际的场合中，赢得别人好感的办法不仅仅是表现自己的优秀，让别人展现自己也是一种很好的办法。不与别人抢话说体现的是一个人良好的修养，当别人在率先说话中得到满足的时候，你的行为就会博得对方的好感。

然而，在现实中，我们往往总是先考虑如何表现自己，而忽略了给别人表现的机会，因此，很多人在交际场合总是表现得非常踊跃，无论讨论什么样的话题，总是第一个发言。在出尽风头的同时，也抢去了别人的风头，反而得罪了与会的人。

在很多时候，千万不要表现得过于张扬，适当地收敛自己，给别人留下表现的机会，让别人先说是非常重要的。

南朝梁武帝时，有一座寺院与农家发生田地之争，双方官司打到官府。因涉及寺院官府无法处置，最后将案子呈到皇帝面前。梁武帝看后，在案卷上批了一个"贞"字，经办部门被皇帝的这个判语搞晕了。有人想到满肚子学问的尚书左丞刘显，刘显果然聪明，说皇帝的意思是要把田地判给寺院。因为"贞"的繁体字可拆为"与上人"三个字，"上人"是对僧人的尊称。其他人恍然大悟，按皇帝的批示办结此案。

这边刘显出风头，一吐为快，炫耀一番了。那边出谜题的梁武帝还等着群臣聆听他的拆解呢，等着展示自己满肚子的学问呢。他批示的"贞"字，沾沾自喜自以为实在太妙了，群臣"遍问莫知""众莫能解"后反过来再请教他，多带劲的事。谁知风头叫刘显抢去了，十分生气，便免了刘显尚书左丞的官职，让他到地方"显"示能耐去吧。

急于表现自己没有错，但是要注意选择恰当的时机，如果我们的表现会抢了他人的风头，那么我们不妨让一让。为了出一时的风头，而得罪了他人，埋下隐患是不值得的。其实，让别人先说是一种谦逊的表现，当你在众人面前把说话的机会留给别人的时候，对方一定会非常高兴。不仅如此，你还可以根据对方的发言，揣度对方的心意，并组织自己的发言。比如说，参加研讨会，就一个话题讨论的时候，别人让你先发言，你就可以把发言的机会让给一些前辈，这样，不仅对方会高兴，自己也可以从对方的谈话中获取有益的信息。

总而言之，让别人先说，自己后说是一种很好的交际方式，它可以帮助我们顺利实现谈话的目的，并能够为我们赢得良好的人际关系。

7. 有再大的功劳也不自夸

任何一个人的成功都离不开周围人的帮助，其中包括上司、同事、朋友以及那些不知名的曾经帮助过我们的人。在成功的背后是我们和这些人共同的功劳。一旦我们将功劳据为己有，就会发现那些曾经帮助我们的人脸上早已露出了不满的神色。所以，无论我们有多大的功劳都不应该在别人的面前自夸。

劳尔是一家报社的编辑，同时还兼任这家报社下属的一本杂志的主编。才华横溢的劳尔在自己的岗位上做出了卓越的成绩，再加上他又是一个八面玲珑的人物，与同事和上司的关系都处得非常好。这一切使得他的前途一片光明。

然而这一切在劳尔获得一次大奖之后发生了改变。有一回，劳尔主编的杂志获得了一项国际大赛的一等奖。所有的人都向劳尔道贺，而他自己也为此兴奋不已。无论到了哪里，他都会滔滔不绝地向别人讲述自己作为主编，为这份杂志付出的辛苦和努力。

不久，劳尔就发现了不对劲，单位里那些曾经和他一起奋战的同事们纷纷对他敬而远之，就连一直对他赞赏有加的上司也刻意地回避他。这让劳尔困惑不已，他不明白自己究竟做错了什么。

后来，经过他人的提醒，他才明白自己的错误。杂志获奖之后，他将所有的功劳都归到自己的身上，无论对谁，他都从来不提同事的努力和上司的大力支持，只是一味地讲述自己的努力。这深深地伤害了曾经为这份杂志付出努力的同事和上司。为了挽回人心，劳尔公开向所有人道歉。不久以后，一切恢复正常。

我们要知道，无论我们立下了多大的功劳，在没有其他人配合的情况下，都不足以让整件事情获得成功。所以，无论什么时候，我们都不应该把自己的功劳挂在嘴边。只要我们是真的立下了功劳，即使我们不说，别人也会看在眼里。我们一样可以获得同人们的尊重和上司的器重。

功劳是一个人获得认可的资本，但是一旦经常把它挂在嘴边，那么它就会变成招灾惹祸的隐患。当我们时常把功劳挂在嘴边的时候，就会陷入狂妄自大当中，就会目空一切，这必然会招来别人的怨恨。一旦有机会，别人必然会取我们而代之。